BIBLIOTHÈQUE
RELIGIEUSE, MORALE, LITTÉRAIRE,

POUR L'ENFANCE ET LA JEUNESSE,

APPROUVÉE

PAR Mgr L'ARCHEVÊQUE DE BORDEAUX,

DIRIGÉE

PAR M. L'ABBÉ ROUSIER,

Directeur de l'œuvre des Bons Livres, Aumônier du Lycée
de Limoges.

Propriété des Editeurs.

Martial Ardant frères

Ste CHAPELLE.

VOYAGES EN FRANCE

DESCRIPTION

DE SES CURIOSITÉS NATURELLES,

Notices sur les Villes, etc.

PAR

CHARLES DELATTRE.

LIBRAIRIE DES BONS LIVRES.

LIMOGES	PARIS
Chez Martial Ardant Frères,	Chez Martial Ardant Frères,
Rue des Taules.	Quai des Augustins, 25.

1851

I

LE DÉPART. — LES PYRÉNÉES.

Charles Méry à Robert Lincey.

Argelès, près de Perpignan, 17 mai 1840.

Il y a deux mois, mon cher Robert, que nous nous sommes séparés; tu partais pour passer le printemps auprès de ton aïeule, à Orléans, et moi, tu t'en souviens, j'attendais mon oncle à Ethelstan, qui, avant de se rendre sur son vaisseau à la côte de Coromandel, m'avait promis de me faire voyager, à son retour, par toute la France, pour en voir les curiosités naturelles. Avec quelle impatience ai-je attendu ce retour? Enfin mon oncle est arrivé à Paris il y a trois semaines; il ne s'est reposé que douze jours, et aussitôt nous avons entrepris ce que j'appelais mon grand voyage l'hiver dernier, et ce que mon oncle appelle, lui, une promenade. En effet, pour un marin qui a fait cinq fois le tour du monde, qu'est-ce qu'une course dans nos quatre-vingt-six départements? Nous avons traversé la France, de Paris à Perpignan, dans une bonne chaise de poste; c'est un moyen de transport très rapide, mais qui ne permet guère de s'instruire. Je n'ai donc rien vu; mais ici va réellement commencer notre voyage. C'est à pied actuellement que nous irons de ville en ville; une sorte de petit fourgon nous précède et nous attend dans les endroits désignés par mon oncle. Quant à nous, le sac sur le dos comme des soldats, un bon bâton ferré à la main, nous ne portons qu'un léger et indispensable bagage.

C'est ainsi que nous avons parcouru les deux myriamètres (5 lieues) qui séparent Perpignan, chef-lieu du département des Pyrénées-Orientales, d'Argelès, jolie petite bourgade, située dans une belle vallée sur la frontière, à quelques kilomètres de l'Espagne.

Oh! mon ami! quel admirable spectacle! De la table où je t'écris j'ai devant les yeux les Pyrénées; je vois cette chaîne imposante entasser ses sommets les uns sur les autres, et le Canigou, comme un géant chargé de siècles, élever sa tête blanche au-dessus des nuages, et dominer orgueilleusement tous les monts qui sont comme couchés à ses pieds.

Toi, mon cher Robert, qui es si plein de nos classiques, si tu étais ici, tu comparerais ce mont sourcilleux à l'immense Polyphème assis au milieu de son gigantesque troupeau.

Oh! si je pouvais te peindre la sensation extraordinaire que l'on éprouve en voyant cette barrière prodigieuse que la nature a élevée entre notre patrie et l'Espagne, tu partagerais au moins les impressions que je ressens.

Mais comment représenter cette masse qui semble limiter l'univers et confondre la terre avec le ciel? comment décrire les effets incroyables de la lumière sur ces pics glacés? Tantôt dégagés de vapeurs, frappés directement par les rayons du soleil, ils semblent être les coupoles de diamant des palais des génies rêvés par la poétique Asie. Tantôt les sommets s'ensevelissent au sein des vapeurs épaisses qui prennent les formes les plus étranges, et la base des monts se nuance d'une teinte d'un bleu-grisâtre qui quelquefois se transforme en un bel azur sur lequel la vue se repose avec délices.

Demain nous pénétrerons dans les sinuosités de ces monts, nous en suivrons toute l'étendue depuis la Méditerranée jusqu'à l'Océan; je dessinerai les sites les plus remarquables, et nous reverrons ensemble, mon excellent ami, les points de vue les plus pittoresques; ce sera pour moi un nouveau bonheur que de raviver mes souvenirs, et de me rappeler près de toi, en regardant mes dessins, mes jouissances actuelles.

Adieu, cher Robert; fais en sorte que ta famille et nos amis ne m'oublient pas.

II

LE MONT CANIGOU.
LA GROTTE DE SIRAC. — LES CONTREBANDIERS SURPRIS.
JUAN MANCHA.

Charles à Robert.

Prades (Pyrénées-Orientales), 21 mai 1840.

Je suis harassé de fatigue, mon cher Robert; mais aussi nous venons de mener à bonne fin une entreprise qui a réellement ses dangers. Nous descendons du sommet du Canigou! Pense donc, une élévation de 2,784 mètres!

Il faut gravir au milieu de roches de granit glissantes, aiguës : la base de la montagne est bien cultivée, certaines parties sont couvertes de pâturages, d'autres sont abritées par de belles forêts. Lorsqu'on s'est élevé jusqu'à 1,600 mètres, on ne rencontre plus que quelques chênes, des hêtres en petit nombre; mais les bouleaux et les pins y sont magnifiques. A 1,800 mètres le bouleau dégénère; à 2,300 mètres on ne trouve plus que des plantes herbacées. C'est là que commencent les grandes difficultés de l'ascension.

Comme les chaleurs ne se sont pas encore fait sentir, le haut de la montagne est entièrement couvert de neige. Dans cette saison les avalanches sont fréquentes. Notre guide ne voulait pas aller plus loin; mais mon oncle, qui ne craint rien, a voulu s'asseoir sur le sommet même du pic le plus élevé; je dis du pic, parce que le Canigou en a quatre qui se réunissent à leur base. Avec des peines infinies nous sommes enfin parvenus à nous établir sur la cime du pic le plus haut.

Nous étions assis sur la neige, le froid était très vif; mais quel point de vue pour nous dédommager de tant d'efforts! A notre gauche la Méditerranée, à droite la chaîne entière des Pyrénées, dont nous comptions tous les point culminants : le Pic du Midi, le Mont-Maudit, le Marboré, le Mont-Perdu. Devant nous, deux départements tout entiers, l'Aude et l'Ariége; derrière, l'Espagne. En regardant à nos pieds, s'ouvrait menaçant, et comme pour nous engloutir, un gouffre effroyable, d'où sortait un torrent écumeux qui bondissait de rochers en rochers.

Je t'avoue qu'au premier abord la tête m'a tourné, et j'ai été obligé de fermer les yeux et de me rassurer avant d'oser envisager la profondeur de cet abîme.

Nous avons éprouvé moins de peine pour descendre, et nous nous sommes reposés quelques heures dans un hameau du nom de Vernet, qui gît au pied du mont. A peu de distance, une source d'eau sulfureuse bouillante s'échappe entre les rochers.

De Vernet nous avons pris la route de Prades; mais le guide nous a fait écarter de la direction la plus courte pour nous faire voir deux grottes très curieuses. L'une d'elles se nomme la grotte de Sirac. Nous avons été obligés d'y entrer en rampant, et de suivre le guide dans un couloir où le jour ne pénètre pas, sans cependant avoir de lumière, puisqu'il faut avancer sur les pieds et sur les mains.

Ce trajet, exécuté à la manière des renards, se prolonge pendant 1 kilomètre environ. Comme nous étions au milieu de cet aimable voyage, nous entendîmes un bruit singulier qui nous fit suspendre notre marche. Il m'était bien impossible de définir ce que c'était : tantôt on aurait affirmé que l'on entendait les grondements d'une trentaine d'ours irrités, tantôt qu'un torrent tombait en cascades sous terre. Notre guide assura que c'étaient des voix humaines dont l'écho augmentait le son. Le couloir étant trop étroit pour se retourner, puisque nous voyagions comme dans un tuyau, bon gré mal gré il fallut continuer. Le guide me rassurait en affirmant qu'il n'y avait là que des voyageurs qui, comme nous, visitaient la grotte.

Nous avançâmes donc plus vite, de crainte qu'ils ne s'engageassent dans le couloir. Bientôt la clarté des torches éclaira l'intérieur du conduit. A peine le guide s'était-il relevé qu'il poussa un cri d'effroi. Je venais après lui, et, je l'avoue, je m'arrêtai. Mais mon oncle, impatient, me poussa si rudement qu'il me lança sur le sable hors du couloir. Un homme presque noir, sec mais vigoureux, d'une mise et d'une figure étranges, me saisit au collet, et me mit sur pied : je pus voir alors le guide entraîné par deux autres figures non moins étranges, et mon oncle, prenant son ton de commandement, crier à plusieurs qui voulaient se jeter sur lui de ne point avancer.

Tu ne saurais, mon cher Robert, te représenter ni la scène, ni le lieu. Le théâtre de notre tragique aventure était une salle naturelle, immense, éclairée par des torches que portaient des candelabres énormes d'un marbre blanc admirable; au milieu, un feu entretenu par des troncs entiers de sapins, devant lequel rôtissaient trois chevreaux, un quartier d'ours et un chamois; sur différents points, des monceaux de ballots de marchandises; çà et là des groupes de l'aspect le plus sauvage, jetant sur nous des regards de courroux. Plusieurs hommes mêmes avaient tiré de longs couteaux catalans mille fois plus effrayants que des poignards. Je crus fermement que c'était fait de nous. Mon oncle s'était adossé dans une anfractuosité du rocher, et, deux pistolets à la main, il tenait en respect les hommes qui s'étaient avancés sur lui. Cette scène de confusion fut instantanée.

Tout-à-coup une voix sonore donna un ordre en espagnol : les hommes qui nous tenaient s'éloignèrent, nous laissant libres ; la troupe entière saisit des fusils disposés en faisceaux dans un endroit éloigné du foyer, se rangea en bataille, apprêta les armes comme pour faire feu, et un individu d'une haute taille, vêtu comme Figaro dans le *Barbier de Séville,* s'avança vers nous, demandant en mauvais français qui nous étions.

Après quelques minutes d'explication, toute défiance se dissipa de part et d'autre : nous sûmes que nous avions affaire à une troupe de contrebandiers espagnols, la plupart gitanos (Bohémiens), qui s'étaient engagés à conduire à Villefranche un chargement de marchandises prohibées. Juan Mancha, le chef de la bande, avait craint, au premier moment, que nous ne fussions des douaniers déguisés ; pour nous dédommager en quelque sorte de la frayeur qu'il nous avait causée, il nous invita à dîner avec sa troupe, ce que nous acceptâmes de grand cœur, car nous avions un appétit de montagnards ; il nous fit boire d'une excellent vin de Val de Penas.

Juan nous fit, après le repas, les honneurs de la grotte, dont l'étendue est de près de trois kilomètres. Elle brille des cristallisations les plus belles ; ses parois sont en marbre veiné, avec des saillies, des corniches, des colonnes naturelles de marbre blanc et d'albâtre. Nous fûmes obligés de sortir par le même corridor étroit, et à minuit nous arrivâmes à Prades, où la fatigue nous fit paraître excellent le mauvais lit de ce que l'on appelle un hôtel dans cette petite ville.

Adieu, etc.

III

VIC-DESSOS. — GROTTE DE VIC-DESSOS.
LA CAVERNE DE FONTESORBES.

Charles à Robert.

Vic-Dessos, 1ᵉʳ juin 1840.

Nous voilà, mon cher ami, au centre même des Pyrénées, à Vic-Dessos, distant d'environ deux myriamètres de Foix, chef-lieu du département de l'Ariége. Il est impossible de voir une vallée plus romantique que celle d'où je t'écris; j'en ferai demain un dessin, afin que tu puisses en prendre une idée.

Figure-toi des ravins profonds de l'aspect le plus sauvage ; sur leur pente des pins, des sapins, de plus de 25 mètres de hauteur, des bouleaux dont les branches au feuillage argenté se courbent gracieusement comme les branches du saule pleureur ; puis çà et là des rochers de marbre gris aux anfractuosités ornées de festons de fougères magnifiques ; de temps à autre un chamois qui s'élance rapide comme une flèche et disparaît derrière les rochers ; enfin un lac, des grottes et des mines.

Quant aux grottes, je suis blasé maintenant sur les sensations qu'elles procurent ; j'en ai tant vu depuis notre fameuse aventure des contrebandiers ! Ici nous en avons encore visité une assez singulière ; elle porte le même nom que la vallée et le village où nous sommes. Son intérieur ressemble à une église gothique ; d'immenses stalactites y figurent, avec une incroyable perfection, des piliers composés de gerbes de colonnettes qui s'élancent jusqu'à la voûte, que l'on croirait sculptée par le ciseau du plus capricieux des artistes. Une masse de ces cristallisations de la chaux carbonatée représente un orgue dont les tuyaux sont d'une dimension peu commune. Dans l'enfoncement d'un arceau se trouve une pétrification qui simule un tombeau ; enfin un assez grand nombre de ces masses de chaux cristallisée ont la forme de moines enveloppés dans de longues robes blanches à capuchon.

Nous n'avons pas manqué le pèlerinage obligé que font tous les voyageurs à la fontaine de Fontesorbes ;

elle se trouve à peu de distance du torrent de Lers, au milieu d'une profonde caverne. L'entrée ressemble à une porte arabe ; l'intérieur de la caverne est surmonté d'une voûte prodigieusement élevée, disposée en cône creux, et percée d'une ouverture circulaire au sommet. Des fragments de rochers parsèment le sol. Lorsque l'on entre, on remarque que le terrain, ou plutôt la roche, est humide, et l'on recule d'effroi devant un large gouffre béant au fond duquel on entend le murmure des eaux. Tout-à-coup le bruit augmente, l'eau s'élève, bouillonne, remplit la grotte et jaillit au-dehors, en suivant l'encaissement d'un lit creusé sur la pente de la montagne. Pendant un quart d'heure l'eau s'élève dans la caverne, puis elle conserve son niveau pendant huit minutes : elle s'abaisse ensuite peu à peu et disparaît. Une demi-heure après elle commence à s'élever. Les intermittences de cette fontaine n'ont pas lieu en hiver, après les grandes pluies ; la source coule alors sans interruption.

Il est évident que ce phénomène est produit par un lac souterrain qui communique à la caverne par un conduit étroit en forme de siphon. Lorsque le réservoir du lac est plein, le siphon se remplit d'eau, et le trop plein du lac s'écoule dans la caverne jusqu'au moment où l'abaissement des eaux au dessous de l'ouverture du siphon arrête l'écoulement et produit l'intermittence.

Dans les époques de pluie, lorsque la quantité d'eau qui entre dans le lac compense le produit de la source, la fontaine cesse d'être intermittente. J'ai fait, dans notre excursion de Prades ici, une collection des divers marbres et des granits des Pyrénées; j'ai recueilli de beaux échantillons de cristaux, de quartz et de chaux, et de divers métaux parmi lesquels on voit de l'or et de l'argent natifs.

Je vais expédier ces minéraux à Paris, où tu me feras le plaisir de les ranger dans ma collection, à ton retour. Tous les échantillons sont doubles; je n'ai pas besoin de te dire que l'un des deux est pour toi; tu choisiras.

Nous allons quitter momentanément les Pyrénées pour visiter Toulouse; j'espère trouver dans cette ville des lettres de ma famille et de toi.

Adieu, etc.

IV

LE CAPITAINE ETHELSTAN. — BAGNÈRES DE LUCHON.
LA CAVERNE DE FONTESORBES.

Charles à Robert.

Toulouse, 15 juin 1840.

Aussitôt arrivé dans cette ville, mon bon ami, ma première action a été de courir à la poste, où un paquet de dépêches assez volumineux nous attendait. Mon espoir n'a pas été trompé, il y avait deux lettres de toi. Je te remercie de tes félicitations, et j'étais d'avance bien persuadé que tu prendrais part à mon bonheur.

Je n'ai qu'un regret, c'est que tu ne partages pas aussi mes fatigues ; car ne va pas penser que ce soit tout roses que de voyager avec le capitaine Ethelstan Méry. Pour un marin, il est étonnant ; il n'y a pas de fantassin dans notre armée d'Afrique qui ait un pareil jarret : c'est de l'acier, et du bien trempé, je te l'assure : aussi il ne m'épargne pas. Mais peu importe, ma santé se fortifie de jour en jour, et lorsque je reviendrai je serai capable de défier à la course le Basque ou le Corse le plus agile. C'est au surplus une manière de voyager bien agréable que la nôtre, lorsqu'on veut connaître un pays et s'instruire.

Mon portefeuille renferme déjà quarante-deux dessins ; je crois que rien ne m'a échappé. Je me flatte de rapporter à Paris les Pyrénées au grand complet, ensemble et détails. Ce qui m'a beaucoup amusé dans ta lettre, c'est la promesse que tu me fais de me décrire, de ton côté, les curiosités naturelles du département du Loiret, du département de la Seine, et des pays circonvoisins.

Mais, mon pauvre ami, y a-t-il quelque chose de plus prosaïque que les contrées que tu me cites là ? Où donc veux-tu y trouver des curiosités naturelles ! Passe encore si tu voulais en décrire les merveilles industrielles, les chefs-d'œuvre des arts ! N'use pas, je t'en prie, tes bottes à une pareille recherche. Abandonne ton beau projet de retourner à pied à Paris ; prends-moi une bonne place de coin dans le coupé de la diligence de Laffitte et Caillard, et reviens bien bourgeoisement chez toi.

Il ne faut pas, pauvre Alexandre, que les lauriers de Philippe t'empêchent de dormir.

Ma mercuriale est assez longue, n'est-ce pas? Revenons à mon itinéraire. En quittant Vic-Dessos, nous avons suivi les Pyrénées, nous dirigeant par Saint-Girons, Saint-Gaudens et Bagnères de Luchon.

Dans cette partie des Pyrénées, les sources d'eaux thermales abondent, surtout celles d'eaux sulfureuses. Quoique nous n'ayons pas trouvé jusqu'ici de traces volcaniques, il est facile de voir que la chaîne pyrénéenne n'en doit pas moins son origine à un puissant soulèvement du terrain, et qu'au-dessous de ces pics gigantesques se trouvent d'horribles gouffres qui reçoivent les ondes enflammées de la masse interne et brûlante du globe.

C'est ce foyer ardent qui chauffe les eaux auxquelles nos malades vont redemander la santé; c'est lui qui leur communique les qualités médicales et les propriétés chimiques qu'elles possèdent.

Notre route nous éloignait des parties les plus élevées de la montagne; mais nous reviendrons les explorer. Notre course était moins fatigante : nous parcourions d'étroites vallées, dégénérant quelquefois en simples défilés, qui conduisent à des cols appelés *Ports* ou *Passages* dans les Pyrénées.

En sortant de la vallée de Larboust, nous avons pris notre déjeuner sur les bords du charmant lac de Séculégo, dont j'ai fait ensuite une vue : c'est un des sites les plus frais des Pyrénées. Représente-toi, mon cher Lincey, une vallée entourée d'un amphithéâtre de montagnes élevées, couvertes de prairies à leur base, ombragées d'arbres magnifiques vers le milieu de leur croupe, et couronnées de rocs de marbre et de granit; au centre de la vallée un bassin de quatre kilomètres de circonférence, qui reflète le ciel et les monts d'alentour; au fond du tableau une cascade impétueuse sortant d'un gouffre de schistes noirs où se précipitent avec bruit des torrents écumeux qui versent dans le bassin les eaux sorties des réservoirs supérieurs des montagnes. Ce charmant bassin est le lac Séculégo. Le flanc des montagnes voisines contient des mines de plomb.

Après deux jours de repos à Bagnères de Luchon, où la société des amateurs d'eaux commence à se réunir, nous sommes entrés dans la jolie vallée d'Encausse. Le Gers y coule en bouillonnant; nous avons visité la source d'Encausse : de là nous nous sommes rendus à Toulouse.

Tu pourras nous adresser ta prochaine lettre à Bayonne, où nous espérons nous trouver dans trois semaines.

Adieu.

CHATEAU DE CLISSON. — Loire-Inférieure.

V

BAGNÈRES DE BIGORRE. — BARÉGES.
LE MONT VIGNEMALE. — L'ESCALADE DU MONT PERDU.
DÉPART DE LA CAVERNE.
LES TROIS SŒURS. — TEMPÊTE DANS LA MONTAGNE. — LOUIS ETCHEVERRIA.
REFUGE.
L'AVALANCHE. — LE CAPITAINE ETHELSTAN ET L'OURS.
LE RETOUR.
LE MONT MARBORÉ. — LA CHASSE AU CHAMOIS.

Charles à Robert.

Mauléon (Basses-Pyrénées), 1ᵉʳ juillet 1840.

C'est aujourd'hui jour de repos pour nous; demain nous partons pour Bayonne, où nous irons coucher. J'aurais pu attendre notre arrivée dans cette ville pour t'écrire, mais j'aime autant profiter du loisir que mon oncle me laisse aujourd'hui, et en abréger la longueur en m'entretenant avec toi : j'ai, du reste, beaucoup de choses à te dire, car nous avons achevé de parcourir les Pyrénées ; nous avons visité les glaciers, nous avons assisté à une chasse au chamois, et nous avons eu des raisons assez sérieuses avec un ours fort impoli, et madame son épouse qui était encore moins gracieuse que lui.

Quelque impatience que je ressente de te raconter nos prouesses, il faut que je reprenne les faits de plus haut, et que chaque chose vienne en son temps.

C'est en voiture que nous avons gagné les Pyrénées au sortir de Toulouse ; à Galan nous mîmes pied à terre, et nous commençâmes à gravir la partie centrale de la chaîne pyrénéenne.

Je te ferai grâce de la description de quelques vallées peu importantes, quoique délicieuses d'aspect, pour te conduire de suite à Bagnères de Bigorre. Tu sais combien ce lieu, où existent des sources d'eaux thermales salines, est fréquenté : Bagnères est situé au pied de rochers qui s'élèvent à pic : c'est une petite plaine suspendue sur un lac souterrain d'eau minérale ; aussi suffit-il d'enfoncer en terre un tube à une médiocre profondeur pour obtenir une source dont la température varie de 35 à 58 degrés de chaleur.

Les eaux de Bagnères de Bigorre contiennent du sulfate et de l'hydrochlorate de soude, du carbonate de fer, et plusieurs autres sels à base alcaline.

Les environs de cette source sont admirables :

ce sont, entre les racines de monts d'une grande élévation, tels que le pic du Midi, qui compte 2,935 mètres, de ravissantes vallées poétiquement nommées *Elysées*.

De Bagnères nous avons été visiter Baréges, en traversant la vallée de Campan, un des sites les plus renommés des Pyrénées. La vallée de Campan est trop connue pour que je te fatigue de sa description. C'est un beau jardin anglais planté sur un massif de roche, dans lequel on a pris les marbres qui ont servi à décorer le palais de Versailles.

Devant l'entrée d'une des carrières est peut-être le plus beau châtaignier de France; son tronc droit, uni et volumineux s'élance à 12 mètres avant de produire sa première branche.

Au milieu du bois qui orne la vallée de Campan s'élève un énorme rocher de marbre, et à peu de distance s'ouvre le puits d'Arris, gouffre dont on n'a pas encore pu mesurer la profondeur.

En sortant de la vallée, nous avons escaladé le pic du Midi, et nous sommes descendus dans la vallée de Baréges par Tourmalet, en glissant entre des précipices et des débris de rochers.

J'ai recueilli dans cette course d'admirables cristaux.

Baréges, Cauteretz et Saint-Sauveur sont à peu de distance l'un de l'autre, dans une des parties les plus pittoresques des Pyrénées : ce sont trois sources d'eaux thermales; les deux premières d'eaux sulfureuses dont la température s'élève de 48 à 60 degrés du thermomètre centigrade; les eaux de Saint-Sauveur sont aussi sulfureuses, mais leur température n'est que de 32 degrés. Cascades, torrents, précipices, gorges, vallées, rochers bizarres, forêts magnifiques, vertes prairies, la nature a tout prodigué avec luxe autour de ces sources salutaires. Baréges est situé autour d'un ravin de 160 mètres de profondeur; c'est un hameau qui n'est habité que l'été.

Le mont Vignemale, haut de 3,345 mètres, s'élève devant Cauteretz; nous l'avons gravi, ce qui n'a plus rien actuellement d'extraordinaire, puisque les femmes mêmes osent tenter cette ascension : elle n'offre aucun danger jusque au-dessus de la cascade de Cerisay, chute d'un *gave* ou torrent qui tombe de 54 mètres d'élévation pour retomber encore et produire la cascade de Mahourat. On est alors placé sur le pont d'Espagne, frêle planche suspendue qui se balance au-dessus de ces affreux abîmes.

Après avoir traversé une forêt, on arrive au lac de Gaube dont la surface est d'un calme qui occasionne une impression désagréable : c'est l'immobilité du néant.

Lorsqu'on a traversé une pente couverte d'herbe arrosée par la cascade d'Esplamousse, ont met le pied sur les neiges éternelles qui couvrent la cime du Vignemale. Ici commencent les difficultés de l'ascension, prélude d'une difficulté plus grande encore, celle du retour.

L'ascension du Vignemale ne servit qu'à nous préparer à une entreprise bien autrement téméraire, l'escalade du Mont-Perdu, haut de 3,410 mètres et le point le plus élevé des Pyrénées, que mon oncle voulut tenter malgré toutes les observations qu'on lui fit. Il voulait monter sans moi sur ce pic menaçant; mais je tins à l'y accompagner, et il finit par y consentir.

Nous eûmes bien de la peine à nous procurer des guides; enfin nous en réunîmes dix, dirigés par Jean Peyrade et par Louis Etcheverria.

Les préparatifs qu'ils firent avaient quelque chose d'imposant : ils rassemblèrent de fortes cordes, des coins de fer, des crampons, plusieurs maillets de fer, une échelle de corde, des fusils, des torches, une provision de poudre et de balles, des espadrilles, sorte de chaussure commode pour fixer le pied sur les pointes des rochers; enfin des provisions de bouche, du vin, du rhum dans de petites outres, et de bonnes couvertures de laine.

Ils placèrent ce bagage sur un petit traîneau à roulettes qu'ils devaient ôter de dessus son essieu lorsqu'on serait arrivé à l'escarpement du mont.

Nous partîmes à quatre heures du matin, le 25 juin; le ciel était d'une pureté admirable; à huit heures nous nous engagions entre des rochers escarpés, murailles immenses, hérissées de pointes qui bordent d'effroyables précipices.

Nous avancions avec précaution sur une sorte de corniche naturelle qui n'a qu'un mètre et demi de saillie au-dessus du précipice. Jean Peyrade marchait le premier; venaient ensuite mon oncle, suivi d'un guide, moi, suivi d'un second guide, le traîneau tiré par trois autres, derrière eux ceux qui les relevaient, et à l'arrière-garde Louis Etcheverria.

A midi nous fîmes une halte d'une heure dans un petit bois de sapins; après avoir réparé nos forces par un bon déjeûner, les guides démontèrent le traîneau pour le tirer sur la neige dont nous n'étions séparés que de quelques pas. Le ciel était toujours pur, mais le froid, à la hauteur où nous nous trouvions, se faisait rudement sentir.

Nous étions parvenus à une des divisions de la partie inférieure des rocs effroyables qui terminent le Mont-Perdu; ces rocs sont au nombre de trois; on les appelle les Trois-Sœurs.

En arrivant à la crête de l'escarpement, nous vîmes, entre les trois sommets, une plaine de neige, et au milieu un lac complétement gelé; autour de nous, les glaciers appuyés contre les Trois-Sœurs, et formant d'immenses gradins de glace.

Ce spectacle était imposant, et imprimait à l'âme un sentiment de crainte respectueuse. L'éclat de la lumière reflétée de toutes parts dans cette enceinte, le silence qui y régnait, la profondeur que semblait avoir le ciel, tout contribuait à m'impressionner vivement : je m'imaginais alors que je comprenais l'infini.

Les guides firent en ce moment tous leurs efforts pour persuader à mon oncle de ne pas aller plus loin ; mais il ne voulut rien entendre, et il donna l'ordre de se remettre en marche pour escalader le sommet du plus élevé des trois pics.

Il ne restait plus que trois heures de jour : Jean Peyrade affirma qu'il ne fallait pas moins d'une demi-journée pour exécuter cette périlleuse ascension, que nous serions perdus si la nuit nous surprenait, soit sur la pente, soit au sommet.

Il fallut donc se décider à camper pendant la nuit, pour achever notre entreprise au point du jour.

Tous les guides se prononcèrent pour que l'on couchât au-dessous du plateau de neige et sur la pente du midi, afin d'avoir une température moins incommode ; en effet le thermomètre marquait, où nous étions, 8 degrés au-dessous de zéro, et le froid commençait à me pénétrer fortement.

Nous descendîmes donc environ 200 mètres au-dessous de l'écartement des rochers, et nous nous établîmes sous une saillie de roc qui formait comme un toit.

On dîna tant bien que mal, puis on s'enveloppa dans les couvertures, et on tâcha de s'endormir ;

chaque guide devait veiller tour à tour pendant une heure.

Jusqu'à minuit tout resta calme; en ce moment le vent s'éleva, un brouillard épais entoura le sommet de la montagne et le lieu où nous campions; le guide nous réveilla, car la tempête augmentait, et il devenait dangereux de rester en cet endroit, où la chute d'une avalanche pouvait nous entraîner au fond des précipices.

Comme les guides délibéraient sur ce qu'il fallait faire, le vent se déchaîna avec une violence infinie; rien ne saurait rendre l'horrible sensation que j'éprouvai, et que les autres, mon oncle excepté, semblaient partager. Il s'appuya le long du roc, battit le briquet, alluma son cigare, et se mit à fumer avec autant de sang-froid que s'il eût été, par un calme profond, appuyé sur le grand mât de son vaisseau.

Les mugissements de la tempête produisaient à cette hauteur des sons étranges : j'entendis se mêler à ces horribles sifflements un murmure rauque qui me parut le cri du démon de la destruction.

Un ours! s'écria Etcheverria.

Comme il achevait ces mots, le brouillard s'abaissa rapidement, forma un nuage au-dessous de nos pieds, et un éclair, le sillonnant dans toute son étendue, nous montra un ours monstrueux à quelques pas de distance seulement.

Plusieurs fusils avaient été chargés le soir : Etcheverria en saisit un. Peyrade allume une torche dont la lueur brillante, apparaissant tout-à-coup, fait reculer le monstre; Etcheverria lui envoie une balle et l'atteint à la poitrine; l'ours se dresse furieux et disparaît au même moment dans l'abîme, entraîné par une rafale qui chassait devant elle d'énormes masses de neige.

Les guides pâlirent, mais ne parlèrent pas.

Eh bien! dit mon oncle, n'est-il pas temps de battre en retraite?

Où aller? dit un guide; pouvons-nous avancer sans nous briser là-bas, où est maintenant l'ours?...

Silence! fit Jean Peyrade, et qu'on me suive.

Il enfonce un coin dans une fente du roc, y attache une corde, laisse passer une nouvelle rafale, et avance en disant : Lorsque la corde sera tendue, que chacun la prenne d'une main et s'avance lentement. Le mouvement s'exécute; l'intrépide Peyrade retourne en arrière, dénoue la corde, nous rejoint, enfonce un autre coin, y fixe encore le lien, s'éloigne, et s'écrie : Nous sommes sauvés! En avant, et avec les mêmes précautions! On obéit : cinq minutes après nous étions tous dans une vaste caverne.

A peine Etcheverria, qui marchait toujours le dernier, venait-il d'entrer, qu'un horrible craquement, suivi d'un roulement semblable à celui que pourraient faire cent foudres éclatant à la fois, me fit croire que la montagne s'abîmait dans le sein de la terre; une masse de neige reflua dans l'intérieur de la caverne.

Bon! dit Jean Peyrade, la porte est fermée, pour aujourd'hui nous sommes en sûreté : c'est une avalanche qui vient de descendre. Remercions Dieu, car à cette minute nous devrions être morts.

Chacun de nous était à genoux et priait.

Le vent avait éteint notre torche; les guides, dans leur épouvante, avaient oublié d'en prendre d'autres : nous étions dans une obscurité complète.

Tout-à-coup un cri déchirant, et qui n'avait rien d'humain, remplit l'espace; il est suivi d'un bruit semblable à un craquement d'os que l'on aurait broyé.

Etcheverria bat le briquet rapidement, et, à la lueur des étincelles, nous entrevoyons un ours qui serre quelque chose entre ses bras et le dévore.

L'ennemi est enfermé avec nous, dit Jean Peyrade; je le croyais dehors. Il n'avait pas achevé que l'on entendit un grognement de l'ours; Etcheverria frappe son briquet avec plus de rapidité.

Moment affreux! On vit distinctement mon oncle, un poignard à la main, qui tenait l'ours par la peau du cou, et tâchait de lui plonger la lame dans la poitrine; l'ours avait lâché sa proie, il s'efforçait de saisir mon oncle pour l'étouffer, et le brave

Ethelstan, malgré l'obscurité, criblait de blessures les bras de l'animal.

Ce dernier poussait des cris furieux; le danger devenait imminent. Jean Peyrade ramasse rapidement la corde, la passe autour du cou de l'ours, et serre de toutes ses forces. La bête féroce se retourne pour faire face à ce nouvel ennemi; mon oncle lui plonge deux fois son poignard dans le ventre.

L'ours pousse un gémissement plaintif et tombe.

Il est vaincu, dit Peyrade; mais secourons sa victime s'il en est temps encore. On cherche dans l'obscurité, on rencontre un corps encore chaud, mais velu et portant des cornes.

C'est un isard, dit le guide; la pauvre bête avait, comme nous, cherché ici un asile, elle y a trouvé la mort; mais que chacun réponde à l'appel pour que nous soyons sûrs que personne de nous n'a succombé : douze voix différentes répondent aux douze noms.

Ah ça! mais j'en tiens encore un! s'écrie Etcheverria.

Nous étions consternés.

Et un autre! dit à son tour mon oncle; mais heureusement peu dangereux : ce n'est qu'un enfant.

Oui, répondit Peyrade, nous venons de tuer la femelle, le mâle est au fond du précipice; j'espérais qu'ils chassaient ensemble, et que la caverne que je connaissais serait libre; il me restait à veiller sur le retour de l'ours, la chute de l'avalanche me parut ensuite nous avoir sauvés : nous sommes plus heureux qu'il n'était permis de le penser.

Quoique tout danger semblât passé, nous ne pûmes cependant dormir, et nous attendîmes le jour avec impatience.

Il fallut nous faire une issue à travers la neige; nous y parvînmes avec peine. La montagne avait été bouleversée par la tempête; nous étions excédés de fatigue. Mon oncle renonça, non sans regret, à s'asseoir sur la tête de la plus haute des Trois-Sœurs : nous revînmes à Cauteretz, d'où nous étions partis, amenant avec nous nos deux jeunes prisonniers.

Deux jours après cette excursion, Peyrade et Etcheverria vinrent nous trouver.

— De quoi s'agit-il, mes braves? dit mon oncle.

— D'une chasse, monsieur, firent-ils tous deux.

— D'une chasse! m'écriai-je; serait-ce..... un ours? Je t'avoue que je n'étais pas tenté d'en revoir dans leur état de nature.

— Non, non, me répondit Etcheverria, une chasse moins dangereuse, celle de l'isard : Jean en a vu une troupe hier du côté du Marboré; il s'agit d'en abattre quelques-uns lorsqu'ils iront boire à la cascade de Luz.

— Nous sommes des vôtres, dit mon oncle ; à quelle heure partons-nous ?

— A minuit, pour être placés à deux heures du matin.

Le Marboré, où la scène devait se passer, est encore une des plus hautes montagnes des Pyrénées. Il s'élève à 3,410 mètres : son sommet est couvert de glaciers, comme le Mont-Perdu.

A l'heure dite, nous étions en marche ; la lune brillait d'un vif éclat. Si l'aspect des montagnes est un spectacle admirable pendant le jour, lorsque la lune les éclaire il devient magique. Quel dommage que le crayon ne puisse pas rendre les effets extraordinaires de cette lumière si douce de la lune, en opposition avec les ombres si fortes des forêts et des sinuosités des roches !

Ici des vapeurs s'élèvent et restent suspendues au-dessus des précipices ; ailleurs c'est une cascade qui semble une nappe d'argent en fusion, d'où l'on croit voir s'échapper des jets d'une flamme phosphorique ; puis les horizons vagues et indécis, qui se confondent avec l'immensité du ciel, jettent dans l'âme un sentiment indéfinissable de bonheur et de mélancolie qui fait qu'on est heureux de se sentir vivre ; et cependant, au milieu du recueillement où l'on est plongé, on se trouve porté à la tristesse.

Ce que je te dis là est bien vague ; mais c'est une sensation, une disposition aussi difficile à décrire qu'à analyser.

En sortant d'une forêt de châtaigniers et de sapins, nous nous sommes trouvés dans une vallée circulaire, taillée en entonnoir, du fond de laquelle s'élève un sentier qui serpente sur les flancs de la montagne : c'est le cirque du Marboré ; les habitants du pays nomment ces profonds entonnoirs des Oules. On voit évidemment qu'ils ont été creusés par l'action des eaux, et qu'ils n'ont de commun avec des cratères de volcan que la forme. Au reste, ils sont bien plus vastes que les cratères ; on n'y rencontre aucune substance volcanique.

Ma montre marquait deux heures et demie lorsque nos guides nous firent arrêter auprès d'une chute d'eau qui descend d'un glacier : c'est la cascade de Luz.

Nous allons prendre nos postes, dit Peyrade, et il faudra attendre, sans s'endormir, que le gibier arrive.

C'est entre quatre heures et demie et cinq heures que les isards, après avoir pris leur repas du matin, s'approcheront de la cascade ; nous serons disposés en cercle, et personne ne devra tirer avant que la troupe soit entrée dans l'enceinte que nous formerons. Maintenant n'attendons pas le lever de l'aurore, la chasse serait manquée ; chacun à son poste, et promptement.

Il est bon, mon cher Parisien (ne prends pas ce mot pour un terme de mépris), il est bon de connaître un peu de tout; cependant il est des connaissances qui se paient assez cher.

Ne va pas croire qu'il soit fort amusant d'être couché à plat ventre sur la pente d'un roc, à trois heures du matin, et d'attendre immobile pendant deux mortelles heures, sans faire d'autre mouvement que d'élever un peu la tête pour glisser ses regards entre de hautes herbes tout humides de rosée, que le gibier vienne se faire tuer.

Nous avions nos fusils armés placés à terre près de nous.

Je commençais à m'ennuyer beaucoup de la longueur de l'attente et de mon immobilité, lorsque j'entendis un léger bruit : c'était un isard, ou, si tu aimes mieux, un chamois, qui s'avançait avec précaution; il faisait quelques pas, s'arrêtait, prenait le vent pour respirer; on aurait dit qu'il redoutait quelque piége.

Lorsque sa reconnaissance fut achevée, il prit sa course et disparut; je m'imaginais que nous étions découverts, et que la chasse ne réussirait point. Je me trompais; le prudent animal reparut tout-à-coup du haut d'une roche qui dominait le bassin de la cascade et le lieu où nous étions.

Après un petit nombre de minutes, le chamois poussa un léger cri, qui suivit l'arrivée à pas lents et circonspects d'une troupe de quinze au moins de ces animaux. Plusieurs n'avaient pas encore atteint leur croissance; mais un, au milieu de tous, se faisait remarquer par sa haute taille et ses belles formes. J'avais bien envie de l'ajuster : craignant toutefois de faire manquer la chasse, je me décidai à ne pas tirer le premier.

A peine la troupe était-elle au centre du cercle que deux coups de fusil partent à la fois : trois des isards tombent à terre.

Celui qui semblait en sentinelle sur le rocher pousse aussitôt un sifflement aigu, et la troupe entière se précipite du haut de la montagne avec une rapidité telle que tous avaient disparu avant que je fusse sur pied; mon oncle et moi nous ne pûmes tirer.

Comme je me secouais les membres pour dissiper mon engourdissement, je vis passer devant moi le magnifique chamois que j'avais remarqué, et Etcheverria qui le suivait de si près qu'il me fut encore impossible de tirer. Tous deux s'élancèrent d'une saillie qui avait plus de six mètres de hauteur, et ils retombèrent sur une corniche étroite suspendue au-dessus du cirque à une élévation perpendiculaire d'environ 400 mètres. Cette corniche aboutissait au sentier d'un côté seulement, et le chasseur occupait le passage. Le chamois n'avait qu'à se précipiter dans le gouffre ou à sauter par-dessus son ennemi ; cependant, au lieu de prendre ce parti, il recule, rapproche ses quatre pieds l'un de l'autre, baisse la tête, et s'élance comme un trait sur Etcheverria. Je poussai un cri de douleur et d'effroi, persuadé que le malheureux guide se brisait avec sa proie au fond du gouffre. Mais un agile montagnard sait éviter l'attaque du chamois, quelque rapide qu'elle soit. Le guide recule, fléchit le genou, reçoit l'animal furieux sur une longue baïonnette adaptée à sa carabine : malgré la violence du choc, il résiste; l'arme pénètre dans le crâne du chamois, qui tombe sans même se débattre. La baïonnette avait traversé le cerveau, et la mort fut instantanée.

Un coup de fusil tiré au-dessus de nous nous fit espérer une nouvelle victoire : en effet Peyrade revint peu d'instants après avec un autre isard sur ses épaules.

La chasse était bonne ; cinq pièces étaient abattues, quoique nous ayions fait une triste figure dans l'action. C'est là une vraie chasse dont nos épiciers de Paris, qui tirent de tristes moineaux dans la plaine Saint-Denis, ne sauraient avoir d'idée.

Mais il me semble que je deviens bavard comme un héros d'Homère ; ma lettre est presque un volume, quoique je n'aie pas achevé la relation de notre excursion au pic du Marboré ; il faut néanmoins que je ferme ma dépêche, c'est l'heure du départ du courrier.

Dans ma prochaine missive, qui sera datée de Bayonne, j'achèverai ce récit et la relation de notre promenade dans les Pyrénées.

Adieu, etc.

VI

PROJET DE VOYAGE. — L'ABIME.
ORLÉANS. — BLOIS. — TOURS. — GROTTES DE LA SAVONNIÈRE.
LE BATEAU A VAPEUR

Robert Lincey à Charles Méry.

Tours, 29 juin 1840.

Je crois, sublime Philippe, puisque tu prends ce titre orgueilleux, que la prospérité est trop enivrante pour ton faible cerveau.

Comment ! parce que tu te trouves tout-à-coup transporté sur la cime des Pyrénées ; parce que tu es assez heureux pour contempler ces admirables montagnes qui renferment tant d'imposantes beautés, qui saisissent l'âme par la majesté grandiose de leur aspect, tu t'arroges le droit de mépriser le reste de la France? tu oses traiter avec le plus méprisant dédain nos belles provinces du centre? Si la nature y montre moins de pompe et de grandeur, les tableaux qu'elle y étale aux yeux n'en sont peut-être que plus ravissants.

Que de calme dans la noble simplicité des paysages des rives de la Loire! Combien ces belles lignes d'un horizon frais et gracieux jettent de suavité dans la pensée! Quelle douce rêverie n'excitent-elles pas?

Apprends donc, héros superbe, qu'au moment où tu foules d'un pied triomphant les glaciers sourcilleux du Vignemale et du Mont-Perdu, que moi, simple voyageur, je parcours à pied la belle Touraine, d'où je compte me rendre à Paris, non prosaïquement enseveli dans le coupé d'une diligence, comme tu me le conseilles, mais en philosophe antique, le bâton à la main, et portant pour unique bagage un Horace et un Lamartine.

Le point de départ de mon voyage a été le château de la Source, près d'Orléans; mais, avant d'aller plus loin, permets-moi de te parler de cette ville, et d'emprunter à M. J. Lesguillon une partie de l'intéressante description qu'il en a faite.

ORLÉANS.

Une ville antique s'élève au nord de la Loire, sur la rive gauche du fleuve : elle semble descendre avec calme du haut d'un coteau. Sa pente est douce et facile : elle s'avance avec majesté vers le sud, et offre un amphithéâtre d'où surgissent les clochers gothiques de Saint-Paul, de Notre-Dame de Recouvrance, la basilique de Saint-Aignan, et les tours délicates et frêles de Sainte-Croix, la cathédrale.

A la tête du pont, du côté de la Sologne, voyez, comme deux géants, s'élancer, côte à côte et immobiles, ces deux tourelles! demandez-leur quels grands combats elles ont vus, quelle gloire leur a donné cette imposante fierté. Ah! nos échos n'ont gardé qu'un nom; mais le retentissement de ce nom a chassé l'étranger. Les Anglais disparaissaient devant lui comme devant l'ange exterminateur : et ce nom d'éternelle mémoire, nos enfants, bercés au bruit de nos victoires nationales, vous l'apprendront : c'est Jeanne d'Arc. C'est là que notre héroïne disait à Dunois : « Avez-vous vos éperons ? — Pourquoi, Jeanne ? — Parce que les Anglais fuiront devant nous ».

C'est Orléans !!! Elle n'a plus ses vieilles fortifications, ses remparts; mais il lui reste sa position superbe, et la nature la dédommage de ce qu'elle a perdu des travaux des hommes.

C'est un point de vue bien pittoresque, pris du côté gauche de la Loire, lorsque débouchant d'Olivet, où Poltrot de Méré assassina le duc de Guise, vous descendez vers le pont aux arches larges et légères, et qu'à droite, du sein de la ville, s'élèvent les deux tours de Sainte-Croix, découpées comme de la dentelle au ciseau, et la vieille cathédrale de Saint-Aignan, qui lutte de vieillesse et de force avec les constructions nouvelles qui masquent ses flancs. Vous marchez sur ce pont de moderne fabrique, faiblement incliné, et la rue Royale se développe. Saluez, en passant, cette Loire dont je ne vous ferai pas le tableau; belle et magnifique surtout quand elle emporte sur son dos les glaces de tout un hiver, qu'elle vient briser contre les piliers avec le bruit du tonnerre.

Si je n'avais pas mêlé le nom du Loiret à tous mes écrits, je vous aurais un moment détourné de votre route, et, une demi-heure avant votre arrivée au pont Lazin, je vous aurais présenté au baron de Morogues, dont vous avez lu les beaux ouvrages, et qui passe dans l'étude les jours les plus poétiques sur les rives de cette source admirable.

Figurez-vous une rivière sortant du sol, large comme un bassin des Tuileries, portant bateau sur son bouillon même, et traversant une petite étendue de terrain qu'elle fertilise en se déroulant capricieusement comme un serpent, au gré des ondulations du paysage, s'élargissant dans les plaines, se resserrant

GROTTE DE LA BALME. — Isère.

au pied des collines; animant, vivifiant une quantité innombrable d'usines, parcourant de son eau limpide les paysages les plus pittoresques, et allant à quelques pas de là se jeter dans la Loire, sa mère, et lui rendre, avec tous les ruisseaux conquis dans sa route, des flots qu'elle n'a promenés qu'un jour.

Orléans, le *Genabum* de Jules César, reçut son nom d'Aurélien, que l'on regarde comme son fondateur, ou du moins comme son restaurateur : si vous l'aimez mieux, nous en reporterons l'honneur à Marc-Aurèle. Rome séjourna longtemps sur son territoire; et le sol, à chaque pas, livre aux regards des curieux qui le fouillent des fragments de briques, de vases romains, des pierres avec des inscriptions, enfin une multitude d'objets antiques, héritage mortuaire retrouvé par nos contemporains.

Qui pourra vous raconter les innombrables souvenirs de rois, de reines, de princes, qui prirent Orléans pour le théâtre de leurs combats, de leurs gloires?

C'est là que fut sauvée la France, que s'échangèrent ces grands coups d'épée, ces héroïques faits d'armes qui ont immortalisé Jeanne d'Arc.

Que l'histoire se charge de raconter ses malheurs! Le cœur saigne en effet à ce tableau d'une aussi coupable ingratitude. Au moins Orléans n'abandonna jamais ni son culte ni son souvenir : les contemporains attestèrent hautement son innocence; ils la proclamèrent victime de la vengeance anglaise et de l'oubli de la cour; et un monument fut construit, aux acclamations du peuple, sur le pont même témoin de ses exploits. Les frais en furent supportés par les dames et les demoiselles d'Orléans. La ville seule lui rendit cet hommage : Charles VII n'y fut pour rien.

Ce monument était assez curieux : le roi y était représenté à genoux, la tête découverte, les mains jointes, armé de pied en cap, et vêtu d'un manteau court; à ses pieds était sa couronne : Jeanne d'Arc se trouvait en face à droite, également à genoux, les mains jointes; ses cheveux flottaient en liberté sur ses épaules et sur son armure.

Entre le roi et Jeanne d'Arc était une croix très simple, au bas de laquelle la Vierge, assise, soutenait la tête et les bras d'un Christ mourant : ces figures étaient fixées sur une espèce de roche.

Pendant les troubles religieux, les protestants se *ruèrent* sur Jeanne d'Arc et la Vierge, et les brisèrent en les jetant dans la Loire.

En 1739, un ouragan abattit la croix de bronze : elle fut remplacée par une croix de bois; des constructions au pont firent enlever le monument; on le replaça au milieu de la rue Royale, entouré d'une grille de fer; une inscription en consacra le souvenir.

En 1792, on préluda aux dévastations par celle du monument de Jeanne d'Arc. Léonard Bourdon, qui laissa une trace de sang, le fit mouler en canons pour l'honneur de la république.

Après avoir, en 1803, essayé sur le Martroy une statue qui fut jugée trop mesquine, on s'arrêta enfin au piédestal qui, maintenant encore, se voit à l'extrémité orientale de cette même place.

La statue, haute de huit pieds, représente une femme dans la vigueur de l'âge, coiffée d'un chapeau à panache; sa figure et son cou sont découverts; elle porte une cuirasse; sur ses bras est une cotte de mailles, et une longue robe descend jusqu'à ses pieds; un ceinturon passé sur l'épaule soutient le fourreau d'une épée placée dans sa main droite, dont la pointe est tournée vers la terre; la main gauche tient un drapeau enlevé à l'ennemi, et sous ses pieds sont foulés trois léopards.

Une fête solennelle célébrait la délivrance de la ville, et, le 8 mai, tout Orléans en fête remerciait Dieu et Jeanne d'Arc : les autorités civiles, le clergé, les ordres religieux, les troupes, enfin tout ce qui avait nom, position ou puissance, escortaient une procession générale, au milieu de laquelle une jeune fille d'abord, et plus tard un jeune garçon, marchait en cérémonie, comme représentant de Jeanne d'Arc, en costume singulier composé de toutes les époques, mais qui ajoutait au pittoresque de la fête.

C'était un des plus beaux jours de la vie orléanaise, et l'année entière se passait à le désirer, à l'attendre.

. . . .

C'est du château de la Source que commence la charmante petite rivière du Loiret; elle jaillit du milieu d'un bassin du parc, d'où elle sort limpide et abondante pour serpenter au milieu d'arbres séculaires, d'une végétation vigoureuse, ornement d'un parc réellement princier; une seconde source, que les habitants du pays décorent du titre ambitieux de l'Abîme, à cause de ses sept mètres de profondeur, marie ses ondes avec celles de la première.

Le Loiret porte bateau dès son origine même; son cours n'est que de 7 myriamètres; né au-dessus d'Orléans, il se jette dans la Loire un peu au-dessous de cette ville; le volume d'eau qu'il apporte à ce beau fleuve est très considérable.

Le cours du Loiret est parallèle à celui de la Loire; il suit la même vallée. Il est probable que le Loiret n'est qu'un bras du fleuve, mais qui s'en détache par un canal souterrain.

Dans son cours si peu étendu, le Loiret reçoit plusieurs ruisseaux assez abondants, dérivés également de la Loire par des cavités intérieures du sol.

L'un d'eux, le Duis, présente cette particularité curieuse que, avant sa jonction au Loiret, il verse ses eaux dans un abîme demi-circulaire, nommé la Gèvre; un canal courbe unit la Gèvre au Loiret, et, selon la quantité d'eau que contiennent les cavités du gouffre, tantôt le Duis, repoussé par les eaux intérieures qui refluent abondamment, se jette avec elles dans le Loiret; tantôt le Loiret précipite, par l'intermédiaire du canal, ses ondes dans la Gèvre, lorsque les eaux intérieures sont basses.

Le gouffre de la Gèvre a environ 15 mètres de profondeur; un plongeur qui a eu l'audace de descendre jusqu'au fond a prétendu que d'immenses cavernes souterraines s'ouvrent dans l'abîme.

D'après cette fidèle description, ne penses-tu pas que mon excursion ait commencé sous d'heureux auspices? Cette petite rivière, presque inconnue, bien qu'elle donne son nom à un département, ne mérite-t-elle pas d'être visitée?

Tu me fais de pompeuses descriptions de grottes; je puis t'en opposer d'autres de mon côté, comme tu vas le voir.

Arrivé au confluent du Loiret, j'ai suivi les rives enchanteresses de la Loire; j'ai traversé en entier le département de Loir-et-Cher, où Blois m'engagea à faire une halte de deux jours.

C'est une ville pleine de souvenirs historiques : Louis XII, le Père du peuple, y est né; Henri de Guise, chef de la Ligue, y trouva la mort pendant les Etats-Généraux dits de Blois, par l'ordre du faible Henri III. Là encore, en 1814, Marie-Louise descendit du trône impérial fondé par le héros de la France du XIX° siècle. La situation de Blois est très pittoresque.

En quittant cette ville, Amboise, dont le nom se rattache aussi à des souvenirs historiques, et qui sert aujourd'hui de prison au trop célèbre chef de l'Algérie Abd-el-Kader, a été mon premier point de repos ; ensuite Tours, si célèbre pendant la domination des Francs, et dont je t'envoie la description faite par M. Charles Malo.

TOURS.

Dès que vous mettez le pied dans ce *jardin de la France*, si vanté pour ses melons, ses prunes et ses vignes, vous devez, avant tout, rendre des actions de grâces à Richard, à son édit de 1175, d'après lequel tout individu, convaincu d'avoir dérobé rien qu'une grappe de raisin, était, sans rémission, condamné à perdre une oreille, sinon à payer cinq sous d'amende.

Au reste, si, dans cet heureux temps, une oreille humaine était évaluée cinq sous, on peut se demander ce que valait l'homme entier.

Quant aux prunes, l'une des gloires de la Touraine, c'est un des heureux fruits des Croisades.

Vous savez que les Romains, peuple éminemment gastronome, firent présent à César du melon qu'ils importèrent d'Arménie ; mais ce que vous ne pouvez aussi vous rappeler sans une juste indignation, c'est que ce César, qui donnait aux Gaulois, une fois soumis, tant de témoignages d'estime, n'a pas eu la générosité de les gratifier même d'un melon en échange de leur liberté.

Il fallut que Charles VIII allât guerroyer en Italie, conquérir le royaume de Naples, pour que les Tourangeaux pussent, au XIXe siècle, nous vanter leurs délicieux melons de Langeais.

A Candes commence le département d'Indre-et-Loire, Candes où mourut saint Martin, en 367.

Simple milicien à dix-sept ans, d'après l'ordre de Constantin, saint Martin servit sous Julien dans les Gaules ; puis, un beau jour, il s'éleva par sa valeur et ses vertus apostoliques au siége épiscopal de Tours.

Les environs de Tours sont partout riants, enchanteurs. Nulle autre part je ne saurais trouver de charmes plus ravissants que sur les bords fortunés que caresse la Loire. Les grands effets de peinture surgissent toujours des contrastes que sait faire naître l'artiste.

Cherchez donc, en Italie, ces landes, ces bruyères, ces sites sauvages de la vieille Armorique, ces rochers noirâtres luttant incessamment contre une mer orageuse, cette nature enfin tourmentée par la fureur des éléments, et, non loin de ces prestigieuses horreurs, placez-moi le ciel le plus pur, le sol le plus fécond, baigné d'une multitude de rivières qui en font à la fois l'ornement et la richesse.

Que de souvenirs d'ailleurs!

Ici le château La Vallière.

Là, près des bords de la Loire, Langeais, où fut célébrée l'union de Charles VIII et d'Anne de Bretagne.

Plus loin Chinon, qui vit mourir Henri II, et plus tard ce Richard *cœur de lion*, dans ces mêmes murs qu'il avait profanés en insultant à la mémoire de son père.

C'est encore là que fut enfermé Jacques Molay, que se retira Charles VII., que Jeanne d'Arc reconnut ce monarque sous les habits d'un villageois, qu'elle lui prédit sa mission; là enfin que Louis XI, encore dauphin, fit à Chabannes l'infâme proposition d'assassiner son père.

Ce souvenir sanglant me poursuit jusqu'à Tours, où nous entrerons par le Mail. Au bout de ma promenade favorite, contemplons cette rue Royale si si large, si droite, bordée de trottoirs, décorée de maisons en pierres blanches et couvertes en ardoise, qui respirent un si grand air d'aisance. Le bel alignement de la rue Royale permet de signaler de l'autre côté de la ville l'un des plus beaux ponts que possède la France, et plus loin encore la route montueuse de Château-Renaud.

L'église cathédrale de Saint-Gratien est, je vous jure, un beau monument. Vous y admirerez les détails minutieux de son architecture gothique, l'élévation de ses deux tours, la légèreté de ses voûtes.

Il est fâcheux que la superbe église de Saint-Martin, après avoir été brûlée jusqu'à sept fois, se soit enfin écroulée l'an de grâce 1797 ; j'aurais pu vous décrire au long cette merveille, revêtue, soi-disant, à l'extérieur, de cailloutages de mille couleurs, dont l'éclat était ni plus ni moins que semblable à celui de l'or et des pierres précieuses

Par forme de compensation, nous nous promènerons sur notre beau pont de la Loire : voilà un vrai chef-d'œuvre, je vous l'ai déjà dit, et celui-là subsiste au moins. Figurez-vous une largeur de 46 pieds, sur une longueur de 222 toises ; la Loire y passe sous quinze arches, chacune ayant soixante-quinze pieds d'ouverture. Commencé en 1765, il fut achevé 23 ans après.

. . . .

C'est près de cette ville, non loin du confluent du Cher et de la Loire, au village de la Savonnière, que j'ai vu pour la première fois une grotte, ou, pour mieux m'exprimer, une suite de grottes qui s'ouvrent les unes dans les autres.

Les paysans leur donnent le nom de caves-gouttières, parce que l'eau filtre continuellement goutte à goutte par les voûtes, et se rassemble dans de petits bassins creusés dans le sol. Ces grottes se trouvent dans une masse de roche calcaire; elles ont plusieurs entrées : la voûte des premières est basse, mais elle s'élève à cinq ou six mètres dans les plus reculées.

Comme tout le terrain supérieur est calcaire, l'eau, en le traversant, se charge de carbonate de chaux, puis elle dépose ce sel dans la grotte et produit des stalagmites d'une blancheur éblouissante; plusieurs ont la forme de pyramides que l'on croirait ciselées par un habile ouvrier : l'une représente un autel; le sol est parsemé d'une multitude d'oolithes, c'est-à-dire de petites concrétions calcaires qui ressemblent à des dragées.

Les eaux des bassins sont incrustantes; elles revêtent en peu de temps d'une couche de chaux les objets que l'on y plonge.

En quittant Savonnière, j'ai visité les habitations des paysans sur les rives du Cher et de la Loire : toutes sont creusées dans d'immenses bancs de pierres calcaires, fondements de tout le sol de cette contrée.

A Couersey, on trouve encore un objet digne de fixer l'attention : c'est un amas de roches bizarrement contournées qui s'étend sur une longueur de plus d'un kilomètre; dans certaines parties on croirait voir un mur cyclopéen en ruine.

Enfin, à Ligny-sur-Indre, j'ai eu, comme toi à Fontesorbes, le spectacle d'une fontaine intermittente qui coule et tarit plusieurs fois par jour.

Après avoir exploré le département d'Indre-et-Loire, je suis revenu à Tours, pour me diriger sur Paris par le département d'Eure-et-Loir, où l'on me promet que je trouverai plusieurs curiosités; de là, tirant vers l'est, je passerai par le département de Seine-et-Marne pour visiter la forêt de Fontainebleau, et le bateau à vapeur la *Ville de Melun* me ramènera à Paris.

Adieu, mon cher Charles; sois mon interprète auprès du capitaine Méry.

VII

L'OHLE DE GAVARNI. — LA BRÈCHE DE ROLAND.
LES LANDES

Charles à Robert.

Mont-de-Marsan, 17 juillet 1840.

Te voilà piqué au vif, mon cher Robert. Eh bien ! je m'en félicite ; au moins ma mauvaise plaisanterie aura eu un bon résultat, celui de te procurer l'occasion d'un voyage qui te plaît, puis de me faire connaître quelques-unes des merveilles de notre sol français, dont sans toi je n'aurais entendu parler que vaguement, et que certes je n'aurais jamais crues dignes d'attention.

Courage donc, poursuis ton entreprise, visite, dessine et décris; à nous deux nous compléterons un voyage curieux. Je suis d'autant plus charmé que tu prennes ce parti que mon oncle a reçu du ministère de la marine une lettre qui le prévient qu'on lui destine le commandement d'une expédition maritime, et qu'il sera peut-être obligé de s'embarquer prochainement.

Ce contre-temps entravera l'exécution d'une partie de nos projets; nous ne pourrons parcourir que les départements situés au midi de la Loire; prends pour ton lot ceux du nord, nous aurons tout exploré, et les récits de l'un instruiront l'autre.

Ce projet te plaît-il?

Je ne t'ai pas écrit de Bayonne, où j'ai trouvé tes lettres, parce que, étant un peu à court de temps, nous abrégeons nos haltes. A peine donc avons-nous séjourné à Bayonne; une bonne voiture nous a laissés sur la limite du département des Landes; nous en avons vu ce qu'il fallait pour comprendre l'Afrique et ses déserts.

Ma dernière lettre nous laissait sur la pente du Marboré, vainqueurs de cinq magnifiques chamois, charmantes gazelles d'Europe, dont je ne pouvais m'empêcher de déplorer le sort. Peyrade déposa notre proie dans une cachette qui lui est bien connue, et nous descendîmes pour visiter l'Oule de Gavarni, tandis qu'Etcheverria allait chercher deux mules pour rapporter notre gibier.

Nous reprîmes donc la direction de la vallée de Baréges par un col étroit, bordé de précipices, et souvent interrompu par des rochers à pic que nous descendions à l'aide d'une corde à nœuds. Ce chemin est effrayant, mais il abrége de plus de 3 kilomètres en évitant d'énormes détours.

Sur le soir nous descendîmes dans ce vaste et singulier bassin de Gavarni, que l'on a comparé avec justesse à un immense cirque romain. Là s'agitaient jadis les ondes noires et pesantes d'un lac alimenté par un torrent qui descend des glaciers du Marboré.

Pendant une longue suite de siècles, une digue naturelle de rochers retint captives les eaux du lac ; puis, soit par l'effet de l'immense pression de cette masse liquide, soit par suite d'une convulsion de la nature, la digue s'affaissa, les flots se précipitèrent avec une terrible rapidité dans les vallées inférieures, arrachant, roulant, amoncelant les débris, les terres et les rochers. Elles laissèrent, en se retirant, ce chaos de pierres et de roches qui encombrent le fond du cirque, et sous lesquels le torrent ou *gave* se fraie une issue. Pour jouir complétement du tableau à la fois grandiose et effrayant que présente l'Oule de Gavarni, on doit se placer au centre : on ne voit autour de soi que masses confuses qui se sont entassées en tombant du flanc des montagnes ; au plan le plus reculé s'élève par assises ou gradins gigantesques le Marboré, portant fièrement au-dessus des nuages sa tête de neige et de glace; à la base des glaciers l'œil étonné croit distinguer des tours, des pans de fortifications qui s'écroulent : ce sont d'immenses rochers aux flancs nus et arides qui surplombent de toutes parts. Au milieu de ce désert, où tout semble mort et anéanti, une admirable cascade tombe d'une élévation de 400 mètres : c'est le gave qui alimentait autrefois le lac. Suspendu d'abord à cette hauteur prodigieuse, il semble une vapeur flottante dans laquelle se décomposent en brillants arcs-en-ciel les rayons du soleil; l'eau se brise ensuite sur le rocher, glisse sur la pente unie du granit, s'arrête devant des éminences qui lui font obstacle, rejaillit en gerbes, retombe, se recueille dans une vasque naturelle, d'où elle s'élance encore en tourbillonnant au fond de l'abîme, où, devenue torrent, elle entraîne avec elle, en murmurant, des débris d'arbres et de pierres.

Le lendemain de cette excursion nous avons pris la route de Bayonne, mais toujours en suivant les montagnes et accompagnés par nos deux guides, qui ne consentirent à se séparer de nous qu'à Bayonne.

Nous avons vu, chemin faisant, quelques-uns des ports ou passages qui conduisent en Espagne, principalement la Brèche de Roland, dans la vallée de Roncevaux, si célèbre dans les poèmes sous le règne de Charlemagne, au XIIIe siècle.

Enfin, avant d'entrer à Bayonne, nous avons visité

les fameuses grottes de Biaritz, creusées par la nature dans les rochers que baignent les flots de l'Océan : la mer les remplit à la marée haute ; on ne peut y pénétrer qu'aux heures de la basse mer.

La plus grande de ces cavernes porte le nom de Chambre d'Amour, parce que deux jeunes bergers y périrent surpris par les flots.

Nous n'avons séjourné à Bayonne que vingt-quatre heures seulement.

A notre départ, nos braves guides nous serrèrent dans leurs bras en versant quelques larmes ; ces hommes excellents s'étaient attachés à nous ; ils nous étaient également devenus une société nécessaire : depuis notre séparation nous sommes tristes, nous éprouvons un vide pénible.

Mon oncle les a comblés de présents ; ce qui leur a fait le plus grand plaisir, ce sont deux bonnes carabines rayées et à piston qui vont faire une guerre terrible aux isards et aux ours.

Notre voyage de Bayonne à Mimizan, sur la lisière du département des Landes, n'a eu rien de remarquable.

Mimizan est sur le bord de la mer ; toute la côte, depuis Bayonne, est basse et formée de dunes ou collines de sables tantôt isolées, tantôt réunies en chaînes de collines irrégulières ; quelques-unes ont jusqu'à 45 mètres d'élévation.

Ces collines sont mobiles : les tempêtes changent

leur forme et les déplacent; on commence à les fixer en y plantant des pins.

Rien n'est plus triste et plus morne que l'aspect des landes, vaste désert de sable dont la surface tantôt unie, tantôt semblable à de légères vagues qui seraient solidifiées tout-à-coup, n'offre à l'œil d'autre repos que de tristes bruyères, de noirs ajoncs ou des pins rabougris et chétifs.

Nul animal vivant ne vient égayer cette horrible solitude; parfois seulement quelque oiseau de mer que la tempête écarte du rivage.

Un silence absolu règne dans ces plaines désolées : les roues des voitures, les pas des chevaux, n'y produisent aucun bruit. Le sable mouvant et fin cède sous les pieds, il rend la marche impossible autrement que sur de longues échasses comme en ont tous les habitants des Landes.

Au milieu de cet océan silencieux on ne saurait voyager sans guide : de profondes fondrières, recouvertes d'un gazon trompeur ou d'une couche de sable qui les dissimule entièrement, engloutiraient à jamais l'imprudent qui s'aventurerait dans la plaine sans une parfaite connaissance des lieux.

Çà et là on voit s'élever de vastes masses d'une sombre verdure : ce sont des pinadas ou forêts de pins exploitées pour en retirer de la térébenthine, de la poix et du goudron.

Dans la lande, les habitations sont rares et souvent isolées.

C'est avec plaisir, je te l'avoue, qu'en sortant de ce singulier canton je me suis trouvé à Mont-de-Marsan, au milieu d'une nature moins étrange et d'hommes civilisés.

Dès demain nous reprenons notre route; notre but actuel est les montagnes de l'Aveyron. Nous n'y allons pas directement; mon oncle veut voir un de ses amis à Bordeaux. De là nous traverserons le département de la Dordogne et celui du Lot. Tu m'adresseras tes lettres à Rhodez.

Adieu.

VIII

LA RIVIÈRE SANS EAU.

STE CHAPELLE.

Robert à Charles.

Châteaudun, 10 juillet 1840.

Le pays que je viens de parcourir, mon bon ami, est d'une admirable fertilité; c'est le grenier de la France; il procure plus que de l'aisance à ses habitants; mais pour un ami de la belle nature, des beaux sites, la Beauce, ou, si tu veux, le département d'Eure-et-Loir, est fort insignifiant; j'y ai cependant trouvé deux merveilles naturelles dignes de remarque.

Avant-hier, le maître-d'hôtel qui me donne l'hospitalité moderne, d'après les questions que je lui avais adressées sur les singularités que pouvaient offrir les environs, me proposa de visiter une rivière peu commune, disait-il. J'y consentis. Il me conduisit donc au milieu d'une sorte de chemin creux rempli de roseaux, dont je ne concevais pas le singulier caprice d'avoir été pousser si abondamment dans un lieu si aride.

Mon cicérone jouissait de mon étonnement. Je lui demandai enfin où était sa rivière; mais, monsieur, me répondit-il, depuis un quart d'heure nous marchons au milieu.

— Comment, au milieu?

— Oui; ce prétendu chemin creux est le lit de la Conie. Voyez de distance en distance ces trous qui font ressembler la terre à une éponge : tous les dix à douze ans l'eau disparaît, au mois de juillet, en s'engouffrant dans ces ouvertures, et trois mois après, dans les pluies de l'automne, elle ressort par les mêmes voies.

Un académicien, qui a logé chez moi, est venu examiner cette rivière; il a sondé plusieurs des cavités. Il prétend que la rivière est un courant souterrain qui se fait jour au-dehors lorsque son canal est trop plein, et qui coule sous la voûte qu'il s'est creusée quand ses eaux baissent de niveau.

L'étang de Bois-Ballu, que je vis ensuite, offre

un phénomène du même genre : ses eaux disparaissent tout-à-coup par une ouverture en entonnoir, puis jaillissent dès que les pluies ont tombé avec quelque continuité.

Cet étang est sous la voûte d'un lac souterrain dans lequel se perd une rivière que l'on voit se précipiter sous terre à peu de distance.

Je ne suis pas comme toi, mon cher Charles, au centre d'un pays de merveilles : il me faut parcourir de grandes distances avant de trouver des curiosités notables. Mes descriptions sont donc plus concises que les tiennes et moins intéressantes; mais..... *(Nous supprimons la fin de cette lettre qui n'a rapport qu'à des relations de famille.)*

D'après toutes ces considérations, mon cher Charles, je compte toujours sur ton amitié inaltérable, comme tu peux compter sur la mienne.

IX

PROMENADE SUR LA DORDOGNE. — LE MASCARET
LE TROU DE GRANVILLE.
JETS D'EAU NATURELS DE GOURY ET DU BOULEY. — MONTAGNE EMBRASÉE.
CAVES DE ROQUEFORT.

Charles à Robert.

Rhodez, 15 août 1840.

Nous avons encore couru de grands dangers, mais Dieu merci nous en sommes encore quittes pour quelques instants de frayeur ; quand je dis nous, c'est moi seul, car mon oncle est d'une intrépidité bien précieuse au milieu du péril; sans lui nous étions perdus.

Nous faisions une promenade sur la Dordogne,

près de son confluent avec la Garonne. Au moment où nous venions de franchir le Bec-d'Ambès, point où les deux rivières se réunissent, le marinier qui était à la barre du gouvernail se mit à crier avec une frayeur indicible : Le mascaret! le mascaret! nous sommes perdus!

Et le malheureux laissait aller la chaloupe à la dérive, qui l'entraînait vers le flot qui réellement n'est redoutable que pour une frêle nacelle comme la nôtre.

Je vis s'avancer vers nous une vague de 2 mètres de hauteur, bouillonnant dans toute la largeur de la rivière, et laissant derrière elle quelques lames courtes qui oscillaient, puis retombaient à plat.

La vague s'avançait majestueusement : elle allait nous prendre par le travers et nous renverser, quand mon oncle lance le pilote au fond de sa barque, prend la barre et l'écoute de la voile, vire, présente la proue à cette digue liquide qui nous prit en dessous, nous souleva, et nous fit glisser ensuite comme un traîneau sur une pente glacée : le refoulement des lames par notre chute occasionna un remous qui pouvait encore nous être fatal, si mon oncle n'eût habilement manœuvré l'embarcation, qui lui obéissait comme le cheval le mieux dressé obéit à un bon écuyer.

Maintenant, me diras-tu, qu'est-ce que le mascaret?

C'est un phénomène dû au refoulement des eaux par la marée : comme la Dordogne s'ouvre presque en ligne directe dans la Gironde, tandis que la Garonne forme un angle très grand, il en résulte que le flux monte dans la Dordogne; si les eaux de cette rivière sont basses, alors le flot arrive avec force; mais la lame ne pouvant se développer, elle s'élève, et tantôt se brise sur les rives, tantôt se jette au milieu du courant, variation qui dépend de la force de la marée, de sa vitesse, et des obstacles que la vague rencontre.

Le département de la Dordogne, que nous avons traversé en sortant de celui de la Gironde, offre cette particularité qu'il est assis sur une quantité de cavernes. Le sol de ce département est une vaste éponge : plusieurs des cavités sont remplies d'eau et forment des gouffres dont on ne peut trouver le fond : telle est la fontaine de la Doux, près de Sarlat, dont l'ouverture est de 176 mètres de circonférence; la profondeur en est encore inconnue.

La source de Salibourne, près de la même ville, verse un lac entier hors de ses abîmes; plusieurs autres fontaines ont, dans le même département, une semblable origine.

Parmi les grottes, qui sont également nombreuses, je n'ai dessiné que celle du Trou de Granville, au village de Pinastel, entre Périgueux et Sarlat.

Nous montâmes, pour y parvenir, aux deux tiers

d'une colline élevée dont les flancs poudreux ne sont ombragés par aucun arbre; il a fallu nous courber pendant quelques pas pour entrer; la voûte s'élève ensuite à une grande hauteur.

L'intérieur de cette caverne est un véritable labyrinthe qu'on ne saurait parcourir sans guide; il se divise en deux galeries qui se ramifient latéralement, en formant des salles sans communications entre elles; nous avons mesuré, depuis l'entrée jusqu'au fond, 1,090 mètres.

Les galeries et les salles resplendissent de l'éclat des plus belles cristallisations. Je n'en finirais pas si je voulais te décrire tous les replis de cet édifice souterrain : certaines salles semblent avoir des parois incrustées de diamant; une autre est soutenue par une multitude d'arceaux, et du centre de sa voûte descend une clef pendante qui repose sur un cône placé sur le sol; ailleurs est un stalagmite gigantesque, appelé poétiquement le Trône de la Fée; enfin on arrive à un abîme dont les côtés sont taillés en gradins irréguliers; là s'ouvrent de nouveaux souterrains que l'on ne parcourt pas habituellement.

Le sol de cette grotte est une argile rouge, très grasse; on y trouve des ossements et des coquilles fossiles.

La caverne du Trou de Granville est la seule que nous ayons visitée dans ce département; mais on nous en a cité plus de trente autres, moins vastes toutefois que celle-ci.

Le département du Lot a la même constitution géologique que le département de la Dordogne ; il présente les mêmes phénomènes, d'abondantes sources provenant de réservoirs souterrains, et environ cent cinquante grottes remarquables par leur étendue, creusées dans un sol calcaire.

Deux sources intermittentes, celle de Goury, dans le val de Blagour, et la fontaine du Boulay, au pied d'une montagne nommée le Puy-Martin, communique par des canaux naturels avec un réservoir ou un lac placé au fond d'une cavité souterraine.

Les eaux de ces sources produisent, avant de jaillir, un bruit sourd accompagné d'oscillations du sol voisin.

Le Bouley lance le premier ses eaux par deux ouvertures triangulaires; elles s'échappent en jets impétueux formant avec l'horizon un angle de 45 degrés; un sifflement qui se fait entendre annonce que de l'air ou des gaz sont entraînés avec elles. Dès que les deux jets cessent, la source de Goury s'élance à son tour, et les sources continuent ainsi alternativement. Dans les moments de sécheresse ces fontaines tarissent.

Lorsque le Goury lance ses eaux pendant plusieurs jours de suite, il transforme en lac le val de Blagour.

Dans la commune de Marsillac, nous avons visité plusieurs grottes remarquables par la beauté de leurs stalactites et de leurs cristallisations.

Entre Figeac et Souillac, on nous a fait remarquer un gouffre de 45 mètres de profondeur, dont les bords sont tapissés de lierre et de plantes : on l'appelle Puits de Padirac. Il n'a rien d'extraordinaire dans ce pays où ce genre d'accidents géologiques est très fréquent.

Un autre spectacle nous attendait dans les montagnes du département de l'Aveyron, et il avait pour moi l'attrait de la nouveauté : ce sont des houillères embrasées sous terre, foyers immenses où la combustion de la houille produit d'énormes quantités de sulfate d'alumine (alun).

Ce sont les eaux des pluies qui, en s'infiltrant à travers les couches de houille, produisent une fermentation d'où résulte l'embrasement du charbon minéral. Quelques-unes de ces couches brûlent depuis plusieurs siècles.

Certaines montagnes incandescentes dans leurs entrailles simulent des volcans. La montagne de Fontagues, près du village de Cransac, en est un bel exemple.

Pendant le jour, on ne voit qu'un peu de fumée s'échapper par les fissures; mais la nuit une vaste crevasse, en forme de cratère, laisse voir le feu qui couve dans les parties intérieures; un bâton que l'on enfonce dans le sol s'y enflamme, et par l'ouverture, qu'il laisse béante, s'échappe aussitôt une colonne de fumée.

On sent le terrain brûler sous les pieds, ce qui n'empêche pas qu'un village ne soit bâti au-dessus même de cette masse en ignition, tant la vue continuelle d'un danger finit par le faire mépriser.

Les sources qui s'écoulent du pied de la montagne de Fontagues et du pied de celle de la Buègne sont chaudes : elles contiennent de l'alun et du cuivre.

Parmi les curiosités naturelles du département de l'Aveyron, il ne faut pas oublier les caves de Roquefort.

Ce sont des cavités naturelles dans lesquelles règne un courant d'air frais qui est employé par les habitants à condenser le lait de chèvre et de brebis dont on fait ce fromage si recherché que l'on nomme, du nom de l'endroit même, fromage de Roquefort.

Le lait, porté dans ces grottes aussitôt après la traite, se transforme presque entièrement en crème ; il contracte une qualité toute particulière qui le rend propre à fermenter après sa fabrication, et à développer ces petits mucors verts, qui sont une espèce de plante, qui jaspent la pâte du fromage, et lui donnent un goût exquis.

La propriété d'une de ces caves est une source de richesses pour celui qui en est le possesseur.

Voici encore une longue lettre ; j'espère que celle que j'attends de toi, mon cher Robert, ne sera pas moins longue, et qu'elle contiendra d'intéressantes descriptions des découvertes que tu dois faire de ton côté.

Nous partons pour visiter l'Auvergne; notre quartier-général sera Clermont. Tu m'adresseras dans cette ville ton prochain envoi.

Adieu, etc.

X

LA FORÊT DE FONTAINEBLEAU.
SCÈNE FANTASTIQUE. — LES VIPÈRES. — LA GROTTE D'ALBERT.
ILES FLOTTANTES DE SAINT-OMER.
LE PUITS. — LE CHÊNE DE LA VIERGE. — LES VOSGES. — PLOMBIÈRES.
LE BALLON D'ALSACE. — LE HOHEMBERG.
LA VALLÉE DE HASSLACH. — CHUTE DE VALDSBACH.
LE SPECTRE DU TYRAN.

Robert à Charles.

Strasbourg, 30 août 1840.

Il y a longtemps que je ne t'ai écrit, mon cher ami, mais je vais me dédommager.

C'est un long voyage que celui que je viens de faire; j'ai parcouru le nord et l'est de la France. Il y a des départements qui m'ont retenu peu de jours; d'autres en ont exigé davantage. J'ai adopté votre méthode actuelle de voyager : elle simplifie beaucoup les choses.

Je prends des notes sur les endroits que je dois visiter, je m'y transporte en voiture; une fois arrivé, c'est à pied que je fais mes excursions. Je vois, je dessine, je prends des notes, et le soir je rédige un journal exact.

Ce que je t'écris aujourd'hui en est un extrait; à notre retour tu trouveras dans ma rédaction de plus amples détails. Ma dernière lettre me laissait sur le point de partir pour Fontainebleau.

Je ne te parlerai ni du château de cette ville, ni des tableaux curieux qu'il renferme; ce n'est pas là le but de notre voyage : c'est la nature seule que nous voulons connaître dans ce qu'elle a de plus intéressant.

Sous ce rapport, c'est la forêt qu'il faut visiter à Fontainebleau : on ne saurait trouver de sites plus singulièrement variés que ceux de cette forêt; tantôt ce sont de magnifiques futaies, composées d'arbres séculaires, qui recouvrent un tapis de gazon semblable à un velours très fin; plus loin s'étend une lande aride dont le sol est un amas de sable fin qui ne produit que de chétives bruyères; des rocs de grès encadrent le tableau, et à l'horizon s'élèvent les cimes de quelques bouleaux échevelés. Ailleurs on trouve des amas de rochers de grès entassés pêle-mêle les uns sur les autres, et ne laissant qu'un étroit sentier pour sortir du sein de ce nouveau chaos.

A la Roche-qui-Pleure, près des ruines d'un ancien ermitage, sont des masses bizarres de roches sur lesquelles l'action des eaux est encore évidente; la Roche-qui-Pleure est une saillie en forme de voûte produite par un rocher qui laisse filtrer de l'eau goutte à goutte à travers ses pores.

La vallée de la Solle, le Nid de l'Aigle, offrent deux points de vue d'un effet éminemment pittoresque. D'énormes roches de grès surgissent de toutes parts sur des collines en amphithéâtre, au milieu d'arbres magnifiques et de la végétation la plus luxueuse.

J'ai été témoin, dans la vallée de la Solle, d'un fait bien curieux.

Je m'étais établi entre deux roches, à mi-côte d'une des pentes de la vallée; et là, abrité par un buisson, je dessinais un magnifique châtaignier surmontant un rocher.

Tout-à-coup j'aperçois au-dessous de moi deux êtres fantastiques, vêtus d'un vêtement noir collant sur le corps et les membres, qui ne me paraissait être ni de drap ni d'aucune étoffe connue.

J'eus presque peur, lorsque l'un des deux se retournant, ne m'offrit qu'un visage sans aucune espèce de traits, noir comme le vêtement; et je ne pouvais distinguer, de la hauteur où je me trouvais, si cette tête effrayante était ou non masquée.

Ces hommes examinèrent avec la plus grande attention le terrain, les roches, jusqu'aux touffes d'herbes; ils ne prononçaient aucune parole.

L'un d'eux coupa plusieurs branches de genêt, en fit un faisceau, balaya soigneusement le milieu du large sentier qui coupe le fond de la vallée, écarta les feuilles mortes, les herbes sèches; puis, toujours sans parler, fit entendre un long sifflement aigu.

Une espèce de monstre sortit alors d'entre deux roches; c'était une apparence de figure humaine, de petite taille, mais grosse et trapue, les jambes torses, le dos voûté et chargé d'une bosse, la tête énorme, le corps couvert d'un vêtement semblable à ceux des deux premiers, et pas plus de visage que ceux-ci.

Cette apparition portait un énorme fagot de sarment, qu'elle disposa au milieu de la place balayée.

Le monstre disparut; il revint bientôt avec un trépied, une chaudière de fonte et un sac. Ses deux compagnons s'assirent silencieusement de chaque côté du sentier.

Le nain bossu ramassa une pierre, tira de sa poche de l'amadou, battit le briquet avec le dos de son couteau; en un instant la flamme brilla autour de la chaudière : les trois êtres fantastiques se mirent alors à pousser des sifflements singuliers ; ils se baissaient, se redressaient, regardaient de tous côtés, comme s'ils eussent attendu l'apparition de quelque gnome sortant de la terre.

J'attendais avec anxiété la fin de cette scène bizarre.

Enfin le bossu coupe une branche de bouleau garnie de feuilles ; il plonge la main dans le sac, en tire un serpent qu'il jette dans la chaudière ardente ; le reptile se dresse, pousse d'affreux sifflements que les trois hommes imitent ; il cherche à s'élancer hors de la prison où la chaleur le torture ; l'impitoyable branche de bouleau suit tous ses mouvements, et le repousse à chaque effort.

Je ne savais que penser ; l'apparition d'un spectre, d'un démon, ne m'eût point étonné en ce moment.

Des sifflements nouveaux se font simultanément entendre de toutes parts ; des vipères s'élancent des cavités des rochers qui m'entourent. Effrayé, je veux fuir : partout j'en vois comme naître sous mes pas. Pour éviter leur morsure, je monte à la hâte sur un arbre, et, comme malgré moi, je tourne mes regards vers le théâtre de cette inexplicable scène.

Les vipères, au nombre de plusieurs centaines, se jetaient sur les hommes noirs, s'enlaçaient à leurs jambes, à leurs bras, autour de leur cou ; mais eux, calmes et impassibles, saisissaient ces animaux dangereux et les enfermaient dans leur sac.

Le mot de l'énigme se présenta alors à moi de

lui-même : j'étais spectateur d'une chasse aux vipères.

Prudemment je ne descendis que quand le dernier reptile fut dans le sac. J'allai alors rejoindre mes chasseurs, qui étaient complétement vêtus de cuir ou basane pour éviter les morsures des reptiles. Ils m'apprirent que ces animaux s'expédiaient par tonneau pour l'Italie, où on les emploie à la confection de la thériaque, monstrueux médicament encore très recherché dans ce pays.

De Fontainebleau je revins à Paris, où je ne séjournai que trois jours, le temps strictement nécessaire pour prendre congé de ma famille, et préparer ce qui m'était indispensable pour mon voyage.

Je pris ma route par le département de l'Oise, où je voulais voir quelques-unes des immenses carrières de cette contrée, dont les unes fournissent de la marne, les autres de la pierre à bâtir, quelques-unes d'assez beaux marbres.

Les plus considérables sont celles de Saint-Leu, qui donnent une pierre très recherchée.

Dans le département de la Somme j'ai vu la jolie grotte d'Albert, qui est remplie de roseaux et de plantes marécageuses pétrifiées.

La ville d'Albert est bâtie sur une colline du haut de laquelle tombe la petite rivière d'Ancre, en formant une jolie cascade de 13 mètres d'élévation.

J'ai consacré une demi-journée à Abbeville, et je ne saurais mieux te la peindre que M. L.-C. de Belleval. Voici ce qu'il en dit :

ABBEVILLE.

Il faut donc que dans ce champ clos, où viennent lutter d'intérêt et de poésie les souvenirs de chevalerie glorieux et touchants de notre antique et noble France, que dans cette lice où se déploient en tableaux magiques tant de pages du passé, il faut que je descende, faible champion, pour soutenir un lourd fardeau, pour porter la bannière d'Abbeville ; il me faut fouiller dans la poussière des siècles, interroger les âges : et leurs voix du moins répondront-elles à mon appel inquiet !

Parmi les villes nombreuses répandues sur la surface de la France, il n'en est que bien peu dont l'histoire soit plus intéressante que celle de ma patrie. Et cependant n'allez pas croire non plus qu'Abbeville ait traversé les temps, froide, insoucieuse, improductive de ces hommes qui brillent comme de lumineuses étincelles dans la nuit du passé ! Non ; elle a fourni aussi à notre beau pays son contingent de gloire, son rameau de laurier, et ses échos aussi ont redit les chants du poète. Mais ce n'est pas une de ces cités orgueilleuses dont l'origine remonte aux Gaulois ; elle n'a pas vu briller autour de son enceinte l'aigle menaçante des Césars et le glaive du Romain ; alors l'espace qu'elle occupe était vide encore, et vierge des constructions de l'homme.

C'est, on le croit du moins, à l'époque où Charlemagne portait glorieusement le sceptre franc qu'Abbeville doit faire remonter son origine.

On prétend que ce prince généreux, comme les rois des siècles morts, donna à l'abbé de Saint-Riquier le territoire d'Abbeville, qui de là même a pris son nom *(Abbatis villa)*.

Quant à la vérité de cette chronique, nul ne la saurait appuyer sur une base certaine et irrécusable ; mais la voix générale l'atteste hautement, et souvent ces récits transmis religieusement de père en fils, ces récits qui semblent liés aux ombres des aïeux, ne méritent-ils pas quelque croyance, alors que le flambeau de l'histoire ne répand qu'une lueur nébuleuse et incapable de dissiper les ténèbres ?

Autour de cette maison de plaisance d'un puissant abbé se réunit bientôt une population pauvre et malheureuse, empressée de se mettre à l'ombre tutélaire d'un ministre des autels, dans un temps de barbarie où la croix seule protégeait le faible contre l'épée du fort.

Abbeville s'accrut peu à peu, secoua la protection de Saint-Riquier, et devint capitale du comté de Ponthieu ; ce fut alors, au moyen-âge, une puissante

RUINES DU CHATEAU DE COUCY. — Picardie.

et fière cité : ses seigneurs avaient leur manoir féodal; dans son sein s'élevait le château des comtes de Ponthieu; dans ces salles où jadis retentissait, sur les dalles polies, l'éperon d'or des chevaliers; dans ces salles qui entendirent les paroles hautaines du suzerain et les soupirs d'amour des nobles dames, maintenant éclatent les plaintes, les sanglots et les imprécations du prisonnier; oui, l'antique castel a abjuré sa grâce orgueilleuse, et n'est plus aujourd'hui que l'asile du vice et du crime; l'héritage de ces gentilshommes, dont le cœur se soulevait rien qu'au mot de forfaiture ou de trahison, est tombé au point de servir de séjour au rebut de la société, à l'écume impure qu'elle rejette de son sein. Ainsi va le monde cependant : aujourd'hui puissance et gloire, demain, néant et obscurité !

Dans le sein d'Abbeville a brillé plus d'une fois l'étendard sans tache de la France au-dessus du cimier des vaillants chevaliers picards, se pressant en foule autour de leur roi pour combattre les redoutables fils d'Albion; plus d'une fois ses rues populeuses ont retenti du cliquetis de l'acier, et les sentinelles placées sur ses murailles pures ont vu des armées s'éloigner sans oser étreindre dans leurs embrassements de fer la cité libre.

Un beau nom a brillé aussi à côté du sien, marque incontestable de sa noble contenance et de la bravoure des Français qui vécurent et moururent ses citoyens : *Abbeville la pucelle !* éloge admirable, où se trouvent réunies la naïveté des temps chevaleresques, et la vérité, cette compagne sévère de l'histoire!

Eh! que vous dirai-je de l'histoire de la cité vierge? déroulerai-je à vos yeux le panorama changeant des âges? ferai-je passer rapidement devant vous ces chevaliers, ces princes, ces monarques, qui brillèrent tour à tour aux lieux où dorment mes pères?

Pourquoi chercherais-je à ranimer ces guerriers qui volèrent à des combats où la victoire, hélas! ne suivit point toujours leurs pas!

Vous montrerai-je au loin cette effroyable mêlée de Crécy, où coula tant de sang français, où les barons mouraient renversés par les globes de pierre que lançaient pour la première fois les canons, et qui faisaient vibrer l'air d'un son inconnu?

Vous dirai-je les noms de ces trois champions, dont l'un était Picard, et qui s'offrirent, trente jours durant, aux plaines de Boulogne, à combattre à la hache et à l'épée tout chevalier qui toucherait leur écu de sa lance?

Voulez-vous savoir le dévouement sublime de ce bourgeois d'Abbeville qui préféra la mort à la trahison, de ce Ringois dont le nom mériterait d'être inscrit en lettres d'or dans les fastes de la patrie, de ce Ringois qui, pouvant choisir entre trahir la France ou se voir précipiter dans les flots du haut des créneaux de Douvres, choisit sans hésiter l'Océan qui ensevelit son corps, mais du moins laissa surnager, brillante et immortelle, une gloire de plus pour ses concitoyens!

Ma plume est inhabile à peindre ces scènes de luxe barbare qui se succédèrent pendant le séjour de l'infortuné Charles VI dans nos murs, dans notre cité qu'il avait choisie comme *puissante et bien aisée de toutes choses*, suivant la naïve expression du chroniqueur Froissard.

Je ne saurais raconter l'éclat qui accompagna, plus d'un siècle après, le vieux roi Louis XII, qui venait y recevoir la belle Marie d'Angleterre, la noble sœur d'Henri VIII. Comment retracer ces fêtes données à la jeune princesse par le monarque que l'amour des Français et la voix toujours impartiale de la postérité a baptisé du nom admirable de Père du peuple, baptême consacré par l'histoire, et qui du moins est pur de sang et de malheurs!

Comment montrer cette grande et chevaleresque figure de François de Valois, s'empressant, avec la galanterie d'un Français, de complaire au moindre désir de la jeune reine, de la femme qui peut-être allait ravir à son front la plus belle couronne du monde!

Non, certes, je n'oserais entreprendre de vous dire tout cela; ma main est trop mal assurée et mes pinceaux trop peu hardis pour que j'ose les tremper à cette éclatante palette, et tracer une esquisse informe, alors que le *Roi des Ribauds* a fait ressortir en relief et revivre en quelque sorte ces faits déjà si loin de nous.

Essaierai-je de dévoiler la politique astucieuse et profonde de Louis XI, qui vint à Abbeville dresser ses plans et mettre en jeu les ressorts qui devaient faire rentrer sous son autorité les villes, les contrées que lui avait arrachées la main de son superbe vassal, du duc de Bourgogne, de Charles-le-Téméraire?

Nommerai-je ces hommes d'éclat nés dans l'antique capitale du Ponthieu, ce géographe Sanson, ce médecin Hecquet, ce Millevoye dont la lyre tendre et rêveuse soupira de si mélodieux accords? Qui ne sait par cœur, quelle bouche n'a redit cent fois ce chant mélancolique et doux du *Poète mourant*, cette sublime élégie de la *Chute des Feuilles?*

C'est bien lui que nous réclamons à juste titre comme le plus brillant fleuron de notre couronne, comme le représentant de ces poètes honneur de la France!

Je ne sais, en vérité, quels monuments désigner à votre œil de curieux ou d'artiste : c'est là qu'il nous faut pleurer sur les ravages de la tourmente révolutionnaire, de cette trombe qui engloutit dans son sein ce qui étincelait encore d'un reflet d'honneur et de chevalerie.

Voulez-vous voir les deux tours jumelles et ciselées de notre gothique Saint-Wilfran, élevant dans les cieux leurs têtes grises et sombres, paraissant regretter l'avarice des âges, qui n'ont pas voulu achever le chœur commencé? elles sont veuves de compagnes, nul bâtiment du moyen-âge n'élance dans les airs ses campanilles légères, ses pignons sculptés : il y en eut autrefois; mais 93 a passé, et ils sont retombés dans la poussière !

. . . .

. . . .

D'Abbeville je me suis rendu à Saint-Omer, pour y voir les fameuses îles flottantes; elles y sont peu nombreuses actuellement : elles consistent en îlots formés par des débris de branches de saule et d'osier, de tiges de plantes aquatiques qui s'amoncèlent, se décomposent, se transforment en une sorte de terreau gras sur lequel se développent rapidement d'autres plantes qui, par leur décomposition successive, augmentent ce sol nouveau, flottant à la surface d'un vaste marais tourbeux.

La circonférence de ces îlots est d'environ 4 mètres; on les pousse avec une perche comme un radeau; quelques-uns portent de petits arbustes et sont cultivés.

Dans le même département, au village de Boïaval, près de Saint-Pol, on m'a montré un puits profond d'environ 33 mètres; il communique avec la vaste nappe d'eau souterraine qui se trouve sous le sol de l'ancienne province d'Artois, et qui fournit les eaux de toutes les fontaines jaillissantes du pays, connues sous le nom de puits artésiens.

Lorsque les pluies ont été abondantes et que le vent souffle du nord, l'eau s'élance hors du puits de Bofaval et produit un torrent; dans les grandes sécheresses le fond en est à sec entièrement.

En quittant le département du Pas-de-Calais, je me suis dirigé vers la chaîne des Vosges, en traversant le département de l'Aisne, celui des Ardennes, ceux de la Moselle et de la Meurthe.

Le premier ne m'a rien offert de particulier.

Dans les Ardennes, j'ai visité les immenses carrières d'ardoises de Fumay.

A 1 kilomètre au nord de Mézières, près d'un bourg du nom de Signy-l'Abbaye, au sommet d'une des montagnes de la chaîne des Ardennes, on me fit voir un lac dont le niveau se maintient à une hauteur constante; sa profondeur est inconnue.

On regarde ce lac comme remplissant le cratère d'un ancien volcan, ce qui n'est pas impossible, vu la nature schisteuse de la montagne, quoique je n'y aie pas trouvé de productions volcaniques.

Le sol du bassin du lac est formé d'une argile très grasse.

Dans le département de la Moselle, il n'y a aucun phénomène naturel qui mérite d'être visité; on prétend qu'autrefois, au village de Waldsbronn, on voyait une source d'huile de pétrole.

Si cette fontaine a réellement existé jadis, aujourd'hui on ne sait quel était son véritable emplacement.

A part donc le vieil orme de Bettange, dont le tronc creux a douze mètres de circonférence, et le chêne de la Vierge, près de Nomény, qui en a huit, ce département n'offre rien de remarquable à celui qui, comme nous, recherche les merveilles de la nature.

Dans le département de la Meurthe, j'ai vu les premiers travaux que l'on a exécutés pour ouvrir l'immense banc de sel gemme découvert en 1820, et qui s'étend sur une surface d'au moins dix myriamètres carrés.

Les échantillons de sel que l'on extrait actuellement sont d'un blanc très pur; dans quelques localités on en trouve de rose. J'ai vu des cubes d'une limpidité parfaite et d'une régularité de cristallisation irréprochable.

Dans un siècle, l'intérieur de la masse aura été percé de galeries et de rues; la France aura une mine qui pourra rivaliser avec les fameuses salines de Pologne.

Le 8 août, j'ai mis le pied sur le sol du département des Vosges, à Mirecourt, et le même jour j'entrai dans la chaîne des Vosges. La nature n'y déploie pas assurément la même grandeur, le même luxe de sites, d'un aussi puissant effet que dans les Pyrénées; mais déjà elle fait pressentir ce que doivent être les hautes montagnes primitives.

On y voit de belles vallées, des pentes bien boisées, des cascades, des sommets élevés de 1,452 mètres, des forêts d'arbres verts, des défilés, des précipices en raccourci : rien n'y manque si ce n'est les pics, les glaciers et les aiguilles granitiques aux flancs aigus et dénudés.

Les points les plus curieux de la chaîne des Vosges sont Plombières et le Ballon d'Alsace.

Plombières est un petit bourg situé dans une vallée, au milieu des rochers ; là les sources thermales abondent, et elles sont de nature diverse, les unes alcalines et savonneuses, les autres sulfureuses, d'autres encore ferrugineuses.

Outre celles qui ne sont pas utilisées, on en compte huit employées en bains ou en boissons : leur température varie de 56 à 74 degrés centigrades.

Plombières n'est pas le seul endroit des Vosges où l'on trouve des sources minérales : on peut encore citer Bussang, Luxeuil, Contrexeville, Watweiler, Bains, etc.

J'ai pris dans les Vosges le dessin des endroits les plus remarquables : ma collection se compose d'une vue de la vallée et du lac de Gérardmer ; une du val de Cornimont qui rappelle certaines localités de la forêt de Fontainebleau : mais au lieu de rocs de grès ce sont des blocs de granit qui se trouvent accumulés pêle-mêle ; une du lac de Longemer, joli bassin d'une eau limpide qui reflète l'azur du ciel et les forêts pittoresques de sapins des montagnes voisines :

un reste d'ermitage fait un effet charmant, vu des bords du lac; une belle cascade, produite par les eaux du Longemer, qui se précipite à travers les rochers, anime le payage.

Un tableau curieux, que le crayon ne peut pas rendre, est celui de la grotte d'Hérival : l'eau s'y infiltre par de larges fissures de granit, et, par une évaporation subite, elle se congèle, même en été; de sorte que le pourtour de la grotte est revêtu de beaux cristaux de glace.

A Saint-Maurice, j'ai escaladé le Ballon d'Alsace, point culminant de la chaîne des Vosges, quoiqu'il ne s'élève qu'à 1,452 mètres.

Il prend son nom de la forme arrondie de son sommet.

Une admirable pelouse verte, émaillée de gentianes bleues, de doronics et d'autres jolies fleurs, le revêt.

Des guides ne sont pas nécessaires pour escalader ce mont, dans lequel on a taillé une large route accessible aux voitures presque jusqu'au sommet.

Parvenu sur ce dôme naturel, un panorama magique se déroule de toutes parts : sur le premier plan, on voit d'un côté toute l'Alsace; de l'autre, la Lorraine; plus loin, le Rhin, depuis Bâle jusqu'à Strasbourg; dans le lointain, le Jura, et à l'extrême horizon les cimes glacées des Alpes.

C'est au lever du soleil qu'il faut se trouver sur

le Ballon d'Alsace pour jouir de toute la beauté de ce magnifique tableau.

Ce qui rend les paysages des Vosges pleins de mouvement et d'harmonie, ce sont les superbes troupeaux qui bondissent sur les pentes des montagnes ou au fond des vallées ; ce sont encore les nombreuses usines qui s'élèvent sur les moindres chutes d'eau : les papeteries surtout y abondent ; les forges y sont aussi en grand nombre.

Les rochers des Fées ou de Dormont, et la cascade du Bouchan, complètent ma collection.

Cette chute a 44 mètres d'élévation ; elle est au milieu de beaux rochers, dans un endroit solitaire et sauvage.

De Saint-Dié à Strasbourg, où je suis en ce moment, le pays est admirable et pittoresquement varié. La capitale de l'Alsace est comme mon point de ralliement ; de cette ville je me transporte dans les endroits remarquables, puis j'y reviens m'y reposer.

Ma première promenade a été de Hohembourg, ou mont de Sainte-Olide ; c'est un lieu très curieux pour le voyageur : une touchante légende du moyen-âge a perpétué la mémoire de la fondatrice du monastère dont on visite les ruines, lieu jadis célèbre et fréquenté par de nombreux pélerins.

Au pied de la montagne s'étend une forêt de chênes magnifiques, où, dans un endroit sombre, au centre d'une vallée couverte d'arbres séculaires, gisent des roches d'une masse effrayante, qui semblent avoir été entassées par une puissance surnaturelle.

Au haut de la montagne, entre les ruines du monastère, l'œil plane au-dessus d'un effrayant précipice : pour horizon on a l'Allemagne et le Rhin.

De toutes parts s'étendent des contreforts des Vosges, splendidement boisés et surmontés de vieilles ruines qui attestent toute la puissance de la féodalité dans cette contrée.

A mon retour, j'ai porté mes pas sur les bords des belles cascades de Nidek et de Sulzbach.

La première est produite par la chute d'une petite rivière, l'Hassel, qui s'élance du haut d'un rocher dans la vallée de Hasslach.

Assis au centre même de cette même vallée, ou plutôt de cette gorge sauvage, j'ai pu dessiner en entier le Nidek. Ses eaux réfléchissent les rayons du soleil, qui leur donnent à midi l'aspect d'un courant métallique liquide, effet qui contraste avec l'ombre profonde de la gorge encaissée entre d'énormes murs de granit que surmontent de noirs sapins.

Une pyramide naturelle s'élève près de la cascade et domine le tableau.

La roche, bien que très élevée et terminée en aiguille, est néanmoins accessible : le curieux hardi, assis sur cette pointe, jouit d'un des plus beaux coups d'œil que puissent offrir les Vosges ; il embrasse tout le développement de la chaîne de ces monts, l'Alsace et la Lorraine.

En sortant de la vallée de Hasslach, l'usage est d'aller visiter celle de Sulzbach ; on s'y rend en suivant une route charmante qui serpente au milieu des prairies d'un délicieux vallon.

Le val de Sulzbach est bien la solitude la plus romantique que le poëte puisse rêver : son joli bassin, tapissé d'un frais gazon émaillé de fleurs, est encaissé entre deux montagnes boisées ; un rocher escarpé à sa base, accidenté ensuite jusqu'à son sommet, orné de longues fougères, de buissons et de touffes de jasione des montagnes dans ses anfractuosités, jaspé d'une mousse d'un vert éclatant sur quelques saillies arrosées par le rejaillissement des eaux, ferme brusquement la vallée.

Le Vadsbach, qui se précipite de la cime de ce roc, bondit dans un canal qu'il s'est creusé malgré la dureté de la pierre ; il se divise en filets argentés qui se réunissent ensuite pour se diviser encore ; un bassin naturel reçoit les eaux écumantes de la cascade ; elles y tourbillonnent, s'épanchent au-dessus des bords, reprennent leur course rapidement sur un plan incliné entre deux bandes de gazon, et enfin tombent d'une élévation de 10 mètres dans un second bassin, pour s'écouler entre les iris et les roseaux.

C'est une belle étude pour un peintre, et un lieu d'inspiration pour celui qui cultive les muses.

Je ne terminerais jamais cette lettre, déjà bien longue, si je voulais décrire toutes les beautés du Bas-Rhin : un ouvrage spécial sur ce magnifique pays ne pourrait manquer d'obtenir du succès, et je ne doute pas que le voyage n'en deviendrait obligatoire comme celui de la Suisse.

Je ne te parlerai donc ni du mont Schneeberg, couvert de neige pendant une partie de l'année, quoiqu'il s'élève beaucoup moins que le Ballon d'Alsace; ni du Bastberg, au sommet duquel on jouit d'un magnifique panorama; ni de la vallée du Jaegerthal, remplie de mines de fer en exploitation et de forges curieuses; ni du vieux Winstein, château extraordinaire, taillé entièrement dans une roche au sommet d'une montagne.

Ma dernière course a été consacrée à dessiner la fontaine bitumineuse de Lampertsloch : c'est un bassin ombragé d'arbres séculaires; sa profondeur est de 10 mètres, son aspect est sombre et lugubre; des masses d'un bitume brun et gras surnagent sur une eau lourde et noire; du gaz hydrogène se dégage de cette eau, il s'enflamme quelquefois, et, lorsqu'il y a un courant d'air, le gaz enflammé le suit et produit une lumière errante que les habitants superstitieux du pays prennent pour le spectre d'un ancien tyran féodal.

Après toutes mes courses, me voici pour trois jours à Strasbourg. J'en ai visité la cathédrale, que je ne saurais mieux te faire connaître qu'en recourant à M. Falconnet :

CATHÉDRALE DE STRASBOURG.

Je l'ai vue, cette merveille du monde chrétien, ce chef-d'œuvre de l'art, cette production de l'audace, de la pensée, et de l'expression vivante d'une ardente croyance.

Ce monument d'un temps sublime qui s'est écoulé, je l'ai vu, et mon âme a été saisie, attérée, par une irrésistible puissance.

J'étais en cet instant perdu dans la contemplation et enivré d'extase; j'étais intérieurement troublé d'un trouble secret, indicible, qui pour moi était une jouissance, un plaisir infini.

Mon regard planait sur un immense dôme de brouillards, il se reposait sur la ville et sur l'église; j'étais sur la plate-forme la plus élevée, d'où l'on aperçoit toute la cité, la vallée du Rhin, et loin, bien loin, les montagnes qui bordent l'horizon.

La tête me tournait, j'étais en proie à un prestige qui affaiblissait mes forces physiques, et donnait à ma pensée une audace et un enthousiasme mystiques et irréfléchis. Il me semblait voir s'incliner autour de moi les flèches qui meurent dans l'air, et les colonnes massives avec les statues qui les surmontent.

Légère, élancée comme une flamme, l'aiguille du clocher perce la nue et entraîne avec elle l'esprit étonné.

Il semble qu'il y ait plaisir à planer au-dessus des choses humaines, à voir ce qui s'élève bien haut, et que la pensée revient plus vierge vers la terre comme purifiée par l'ardeur d'une extase qu'elle a puisée au ciel.

Ainsi l'homme est fait, indéchiffrable problème en qui il n'y a qu'une pensée, Dieu.

Et l'homme le nie.

La structure de cet édifice est solide; cependant il n'est pas lourd. On remarque une quantité de pierres neuves mises en place de celles qui sont tombées. Bien des fois dans l'année la foudre couronne cet édifice séculaire, et elle effleure les pierres ; mais il y a des hommes continuellement occupés à réparer ces injures passagères, et à ciseler de nouvelles pierres pour remplacer les pierres usées.

Les pierres usées.... car tout s'use, et le cœur de l'homme aussi, et les sentiments qui l'animent, et la foi qui l'illumine, et l'amour qui l'enflamme, et l'esprit saint qui le remplit : aussi viendra un temps où aura passé cette mysticité, don que Dieu fit à l'homme, alliance mystérieuse et révélée qui unit la pensée à son créateur ; et alors cette œuvre vivante de l'humanité, qui tous les jours reçoit de nouveaux soins, cette cathédrale que j'admire, elle ne sera plus qu'un monceau de pierres sans idées, sans sentiments, sans poésie, sans religion, sans mysticité : car tout art consiste dans la croyance.

Entre l'enfant et sa mère, entre celui qui aide et celui qui a besoin, entre Dieu et l'homme, il y a une sympathie, une indicible délicatesse d'affinité qui se flétrit aux yeux de qui veut la sonder; l'âme la recèle, tous les objets extérieurs l'alimentent, et elle-même emploie cette forme pour se reproduire.

Elle a reçu de la nature ce qu'elle a emprunté à Dieu.

Elle est ainsi le complément et l'agent de cette grande harmonie : Dieu, l'homme et le monde.

Hiéroglyphe silencieux et intelligible à l'être seul qui pense.

Masse symbolique de l'éternité, l'église est donc une âme éternellement temporelle.

Il n'y avait rien d'imposant dans l'architecture grecque.

Effilée comme la taille des courtisanes ioniennes, elle ne portait pas au ciel ce profond langage d'un homme qui reconnaît un Dieu; toutes ses pensées étaient des pensées de la terre : c'était une rose effeuillée dont les hommes, en se courbant, cueillaient les feuilles et le parfum.

En elle il n'y avait ni la grandiose unité, ni la gigantesque conception de combinaisons, ni la mysticité des formes, ni l'amour universel de l'homme à l'homme, ni la force puisée en l'espoir : il n'y avait point de vie immortelle.

Celui qui a construit l'église de Strasbourg était un chrétien.

Sa vie fut pleine comme celle d'un chrétien, pleine d'œuvres et de pensées, d'œuvres d'amour fraternel et charitable, de pensées consolantes et douces comme la parole de Dieu, quand l'âme fatiguée l'appelle à son secours.

Aussi la poésie, la religion, ont-elles donné à son monument une durée d'immortalité.

Œuvre chrétienne comme son fondateur, elle est le portrait vivant de l'humanité aimante, de la société unie par les liens indivisibles de la charité.

Et ce grand caractère de la nature, car le christianisme c'est la nature de l'homme ; cette idée profonde de la mission imprimée à tout être et scellée par Dieu; cette pensée de l'homme qui vit de pain et de parole, mais qui ne passe pas comme le pain et la parole ; et cette indicible conviction qui survit encore à tant de sentiments; cette conviction d'une vie à venir, complément, transfiguration vivante et glorieuse de la vie présente ; cette continuelle agitation de l'âme qui se repose en des rêves d'amour et de charité, qui est alimentée par la vie mortelle, et qui est résumée, enserrée en l'éternité :

Tout cela se trouve en l'architecture chrétienne du moyen-âge.

Et l'architecture chrétienne du moyen-âge a produit son chef-d'œuvre dans la cathédrale de Strasbourg.

Je mettrai de l'ordre dans mes notes, et, ce petit travail achevé, j'irai gagner Dijon, en visitant les départements du Haut-Rhin, du Doubs et du Jura.

Adieu, etc.

XI

LES VOLCANS DE L'ARDÈCHE.
LA ROCHE TREMBLANTE. — LA GROTTE DES FÉES.
LE MONT LOZÈRE. — CHUTE DE L'ARDÈCHE ET PONT NATUREL.
GROTTE DE VALON. — LE CHENAVARI.
CHAUSSÉE DES GÉANTS.
VOLCANS DE LA HAUTE-LOIRE. — OBÉLISQUE DE BASALTE.
LES ORGUES D'ESPAILLY. — LE TARTARE ET LE MONT DU FEU.
THÉORIE DE LA FORMATION DES BASALTES.
PLOMB DU CANTAL.
CHAUDES-AIGUES. — LES MONTS D'OR.
CHUTES DE LA DOR ET DE LA DOGNE. — LAC DE GRURY.
VALLÉE DE LA SIOULE.
LE PUITS DE DOME. — VOLCANS DE L'AUVERGNE.
GROTTE DE ROYAT.

Charles à Robert.

Clermont-Ferrand, 2 septembre 1840.

Que de choses j'ai encore à te dire, mon cher Robert! Nous venons de parcourir des pays bien curieux, et dont la plupart ont été longtemps le théâtre de terribles convulsions de la nature.

Que devaient être ces contrées, aujourd'hui si belles et si pittoresques, à l'époque où la lave, le soufre et le feu jaillissaient de cette multitude de cratères alors béants?

Que devinrent les malheureux habitants lorsque les efforts du feu central du globe soulevèrent les montagnes de l'Ardèche, du Cantal et du Puy-de-Dôme, qu'elles s'entr'ouvrirent et vomirent leurs entrailles brûlantes?

Comme l'histoire de ces bouleversements affreux est encore écrite aujourd'hui sur le sol en caractères énergiques et terribles!

Mes dessins ne sont que de bien pâles traductions de ces pages éloquentes dans lesquelles la nature nous révèle ses secrets, et cependant je ne puis les regarder sans éprouver une impression de frayeur.

Oh! que ne peux-tu être ici près de moi! C'est là que la géologie nous initie réellement aux mystères de la formation du globe : une heure de méditation au milieu de ce sol déchiré nous instruit plus que les leçons du plus savant des professeurs.

Mes sensations me dominent et m'entraînent loin du sujet que je voulais aborder; lorsque nous serons ensemble, c'est alors que je pourrai te développer toutes les idées nouvelles que cette partie de mon voyage m'a inspirées.

Aujourd'hui c'est seulement mon itinéraire que je veux te retracer.

Quand on voyage comme nous le faisons, on ne tient aucun compte de la ligne directe. Tu ne t'étonneras donc pas que nous nous soyons rendus de

Rhodez à Clermont, en traversant les départements du Tarn, de l'Hérault, de la Lozère, de l'Ardèche, de la Haute-Loire, du Cantal et du Puy-de-Dôme.

De Rhodez, nous nous sommes par conséquent dirigés vers le département du Tarn, pour voir près d'Alby la chute de la rivière qui donne son nom au département : c'est une assez belle cataracte de 14 mètres d'élévation; elle s'élance du haut de rochers assez pittoresques; une usine dans laquelle de lourds marteaux forgent des lames de faulx fait un bel effet au milieu du paysage.

D'Alby à Castres, la distance est peu considérable. En laissant la route de cette dernière ville à droite, on arrive, en sortant du bourg de Roquecourbe, dans un vallon de l'aspect le plus singulièrement sauvage.

Dépouillé d'arbres, de verdure, de terre même, on n'y voit qu'un amas de rocs entassés les uns sur les autres, les uns arrondis par le mouvement des eaux qui les a entraînés, les autres, malgré l'énormité de leur masse, déposés et couchés sur les premiers; un torrent écumeux roule avec fracas entre ces immenses débris.

Il est évident que ce chaos est formé des ruines d'une digue naturelle qui retenait jadis les eaux d'un lac; que par suite d'une convulsion du sol la digue s'est affaissée, et que les eaux, en se précipitant avec furie, ont entraîné ces roches contre lesquelles auparavant elles se brisaient impuissantes.

Parmi ces fragments gigantesques il y en a un qui attire surtout l'attention : c'est un immense sphéroïde irrégulier qui a 8 mètres de circonférence à sa partie la plus large; il a été entraîné par les eaux sur la pente de la montagne, où il est resté en équilibre sur le bord d'une autre masse plus volumineuse encore. C'est la partie la plus étroite du sphéroïde qui repose sur le roc qui lui sert de base; de telle sorte qu'il suffit d'une impulsion, même légère, pour lui imprimer un mouvement d'oscillation qu'on ne peut regarder sans frayeur.

Le nom de Rocher-Tremblant est donc légitimement acquis à ce fragment.

Suivant le ridicule usage des oisifs qui courent le monde, une foule de noms ignorés et bien dignes de l'être ont la prétention de se faire lire sur le roc et de s'immortaliser; au milieu de cette tourbe stupide, des réflexions plus stupides encore s'étalent avec prétention. Heureusement que rien n'oblige à les lire.

A la base de la montagne qui supporte ce phénomène d'équilibre s'ouvre une grotte d'où sort un ruisseau peu considérable : elle est divisée en plusieurs salles qui ne renferment pas de stalactites; mais leur structure explique les formes des roches de la vallée : ce sont des masses arrondies ou irrégu-

PORT DE SAINT-MALO. — Ille-et-Vilaine.

lières placées les unes sur les autres, et s'appuyant seulement par quelques angles et par quelques faces étroites. La digue du lac, ancienne portion de cette montagne, avait donc une semblable structure.

De Castres nous nous sommes rendus à Montpellier, chef-lieu du département de l'Hérault.

Ce département est un véritable musée de grottes; nous y avons vu entre autres la grotte des Fées, la grotte du Baume-Cellier, la grotte de Lunel-Vieil, celles de la Madeleine, de Miraval, d'Aldenne et de Marcouire.

Ne t'attends pas à une description de chacune d'elles : tu te contenteras, je te prie, de quelques lignes sur les deux principales, la grotte des Fées et celle de Lunel-Vieil.

La première se trouve sur le territoire de Ganges, à 4 myriamètres au nord de Montpellier; en s'y rendant on voit le Mont-Ferrier, volcan éteint, dont la base est composée d'une masse de prismes basaltiques qui ont percé le sol calcaire environnant.

A partir de ce lieu le paysage devient riche et magnifique; on suit pendant quelque temps la vallée de l'Hérault, puis on entre dans un défilé qui serpente au milieu des roches agglomérées.

Après avoir fait quelques pas dans un bois, on trouve un entonnoir de 18 mètres de circonférence et de 10 de profondeur. Il faut se laisser glisser au fond, au milieu des ronces et des vignes sauvages.

On entre dans l'ouverture de la grotte, et on descend une échelle pour pénétrer dans la première salle : sa voûte est élevée de plus de 12 mètres; quatre magnifiques stalagmites ayant la forme de palmiers, hauts de 10 mètres, ornent cette salle.

Au fond se présente un couloir où l'on ne peut entrer de face; là se trouve une seconde échelle qui conduit dans une autre salle où toutes les magnificences de la cristallisation semblent réunies.

Une draperie d'albâtre, brillant de l'éclat du diamant, décore la gauche; le reste est orné de colonnes, d'obélisques, d'apparences de statues d'animaux dont la blancheur et l'éclat éblouissent. De cette salle part une galerie courbe dans laquelle s'ouvrent trois salles basses dont la voûte est en dôme : la plus grande est remplie de roches provenant d'un éboulement intérieur; un nouveau passage étroit conduit dans une sorte de petite chambre peuplée de chauves-souris : elle se termine par un abîme de 17 mètres dans lequel il faut encore descendre avec une échelle; il conduit dans une autre salle prodigieuse dans toutes ses dimensions, et magnifiquement ornée de stalactites, de stalagmites et de concrétions d'albâtre de toutes formes : on y voit un autel ciselé délicatement, des obélisques, des piliers, des franges, des draperies, et une masse qui simule parfaitement une statue colossale de femme tenant deux enfants.

Derrière ce groupe de sculpture naturelle est un nouveau passage conduisant dans une pièce ronde qu'un pilier soutient dans son centre.

Il y a d'autres parties de cette immense cavité qui n'ont pas été visitées; un précipice dont l'entrée se trouve sous une roche basse doit conduire dans d'autres souterrains encore inconnus.

La grotte de Lunel est à l'est de Montpellier : elle se compose de deux cavernes réunies par une galerie intermédiaire ; le sol est une argile rouge qui contient une quantité prodigieuse d'ossements fossiles d'animaux antédiluviens. Il y a là de quoi former un riche cabinet de fossiles : on y trouve des os de tigres, d'hyènes, d'ours, de loups, de rhinocéros, de lions, de chevaux, de bœufs, de cerfs, etc.

Le département du Gard, qui limite à l'est celui de l'Hérault, possède aussi plusieurs grottes, dont une a des ossements, celle de Mialer, au nord-ouest de Nîmes; comme elle n'a d'autres particularités que son immense étendue et les salles multipliées qui en font un véritable labyrinthe, nous ne l'avons pas visitée.

Laissant donc le département du Gard à notre droite, nous sommes rentrés dans celui de l'Aveyron pour pénétrer dans les montagnes de la Lozère et de l'Ardèche.

Le département de la Lozère nous a peu arrêtés; nous avons mesuré avec le baromètre le mont Lozère, qui donne son nom au département : sa hauteur exacte donne 797 mètres; sa constitution géologique est le terrain primitif; le squelette de la montagne est une masse de granit abondant en mica noir et en cristaux de feldspath.

Mende est une ville digne de fixer l'attention. Voici ce qu'en dit M. Adolphe de Chenel :

MENDE.

Rien de beau comme le coup d'œil dont on jouit sur la côte qui domine Mende.

Les montagnes verdoyantes, les ombrages qui entourent la ville, les jardins, les flèches hardies et élégantes de la cathédrale, tout cela présente un tableau des plus pittoresques.

Le département de la Lozère, formé du Gévaudan, est une contrée montagneuse; jadis elle était couverte de forêts.

La Lozère est une montagne qui ne s'élève pas à moins de 1,600 mètres au-dessus du niveau de la mer; viennent ensuite l'*Aubrac*, la *Margueride* et l'*Aigoual*.

Les communications du Gévaudan avec les autres provinces de France étaient si difficiles au douzième siècle qu'on a dit, au sujet du voyage d'Adelbert, évêque de Mende, auprès de Louis VII : « Personne de notre temps ne se souvient qu'aucun évêque du Gévaudan soit venu à la cour des rois de France. »

Le plus ancien chemin connu était la voie romaine qui conduisait de Lyon à Toulouse, en traversant le pays des *Gabales*, des *Velannes*, jusqu'à celui des *Ruthènes*.

Mende est une ville assez mal bâtie et sombre ; elle n'a pour ainsi dire de remarquable que les clochers de sa cathédrale.

L'habitant de la Lozère a une physionomie agréable, qui paraît douce et timide.

Les hommes, par leur costume et leur rire niais, sembleraient avoir servi de modèle à quelques rôles de nos comédies.

Les femmes, avec leur teint frais, leurs traits délicats, leurs yeux bleus, font trouver agréable leur air tant soit peu égaré. Mais ne vous fiez pas à l'apparence.

> Ces femmes ont de la syrène
> La voix trompeuse et les appas.

Or, de méchantes langues prétendent que le oréades du Gévaudan arrêtent quelquefois le voyageur en lui adressant des paroles gracieuses; qu'elles l'attirent dans des réduits solitaires, d'où il est fort heureux de sortir en ne laissant que sa bourse, ses vêtements et quelques lanières da sa peau.

Ce qui demeure moins incontestable, c'est que le paysan de la Lozère a le caractère faux, intéressé, tracassier et cruel; fort heureusement n'en est-il point ainsi de l'habitant des villes.

A une très petite distance de Mende, on aperçoit sur une roche escarpée, mais couverte de verdure, l'ermitage où saint Privat passa plusieurs années de sa vie, où il mourut même fort tragiquement à l'époque de l'irruption que firent les Barbares dans le Gévaudan, sous les ordres de Crocus.

Les habitants de la contrée s'étaient renfermés dans le château de Gredon.

Saint Privat refusa de les y suivre, et resta dans l'asile où il s'était voué aux mortifications et aux prières; les Barbares l'y découvrirent, et n'ayant pu obtenir du héros chrétien qu'il sacrifiât à leurs idoles, ils l'arrachèrent à la croix qu'il avait embrassée, et le plaçant dans un tonneau garni de fers tranchants, ils l'abandonnèrent à la pente du rocher.

Le tonneau roula en bondissant, et alla s'arrêter dans les ronces qui bordaient le pied de la montagne.

L'armée fut presque aussitôt affligée d'une disette affreuse.

Crocus, réduit à l'extrémité, envoya demander des vivres au château de Gredon ; et, par un accord assez singulier avec un ennemi qui meurt de faim, on s'empressa de le satisfaire, à condition qu'il sortirait du pays sur-le-champ ; ce qui du reste fut ponctuellement exécuté.

Dès que les Gabales furent délivrés de la présence de leurs ennemis, ils coururent à la retraite de leur pasteur, qu'ils trouvèrent ensanglantée.

Après avoir enfin découvert le corps du saint martyr, ils l'inhumèrent dans la bourgade de Mende, située au lieu même où nous voyons la ville actuelle.

. . . .
. . . .

A Saint-Chély d'Apcher, nous avons vu et j'ai dessiné les rochers de Lagarde : ce sont d'énormes blocs de granit, les uns semblables à des meules de moulin, les autres des masses arrondies qui reposent sur les premiers et s'y tiennent en équilibre; de même que le Rocher-Tremblant du Tarn, la moindre secousse les fait osciller ; il faudrait cependant des forces considérables pour les déplacer.

Mais j'oublie de mentionner la grotte de Meyrucis, que nous avons rencontrée à notre entrée dans le département; comme celles que je viens de décrire, elle se compose d'un labyrinthe interminable de cavernes ornées de stalactites bizarres.

Le département de l'Ardèche est bien un des pays les plus pittoresques et les plus curieux que l'on puisse visiter; il tire son nom de la rivière de l'Ardèche, qui en traverse l'extrémité occidentale et va ensuite se jeter dans le Rhône.

Ce petit courant d'eau est le résultat de la réunion de cinquante torrents qui se précipitent en cascades du haut des pics supérieurs des montagnes, et se réunissent au fond de la vallée du Vivarais.

Mais toutes ces chutes le cèdent en beauté à la magnificence de la cataracte de l'Ardèche : cette rivière, après avoir coulé pendant quelques kilomètres, arrive à l'extrémité d'une masse de basalte haute de 20 mètres, nommée le Ray-Pic, taillée perpendiculairement; le lit étant ainsi brusquement interrompu, l'Ardèche se précipite avec tant de violence que ses eaux se sont creusé un bassin qu'elles remplissent en le couvrant d'écume.

La cataracte décrit une courbe qui permet de passer entre les eaux et le rocher. C'est un spectacle singulier que celui de cette voûte liquide et mobile qui tombe avec fracas; on ne peut se défendre, au premier abord, d'une impression d'effroi.

On prétend qu'en hiver les eaux, malgré leur mouvement, se congèlent en partie depuis le fond du bassin jusqu'à la cime du rocher, ce qui fait à la rivière un lit de cristal sur lequel elle glisse rapidement.

L'Ardèche, après sa chute, roule paisiblement ses ondes; mais comme si, dans tout son cours, cette rivière était destinée à accumuler des merveilles, elle coule sous un pont naturel.

La vallée se rétrécit au point de n'avoir plus qu'une largeur de 55 mètres : deux hautes montagnes taillées à pic l'encaissent à droite et à gauche.

L'étude du terrain prouve qu'à l'endroit où est aujourd'hui le pont s'élevait autrefois une muraille de rochers, et que la vallée de l'Ardèche, depuis le Ray-Pic jusque là, n'était qu'un lac.

Les eaux, peu à peu, ont miné ce mur, se sont ouvert une issue, et ont fini par tailler cette belle arche naturelle du pont d'Arc : elle est formée de marbre gris ; sa hauteur au-dessus des eaux est de 30 mètres ; sa largeur, celle de la vallée même.

Des gouffres creusés dans les rocs qui soutiennent l'arche du pont sont un témoignage irrécusable des efforts des eaux.

Près du village de Ruoms, sur la rive gauche de l'Ardèche, on voit deux amas de rochers fort extraordinaires : le premier consiste en un amoncellement de fragments de roches de marbre qui paraissent provenir d'une montagne écroulée; le second est une réunion de cubes de marbre dont la hauteur varie de 1 mètre 30 centimètres à 10 mètres, et l'écartement de 1 à 6 mètres ; chaque cube est posé sur un piédestal ; quelques-uns n'ont d'autre point d'appui qu'un de leurs angles.

C'est un paysage très singulier que celui qui résulte de l'ensemble de ces cubes au milieu desquels ont végété des chênes dont les rameaux touffus se balancent au-dessus des rochers que souvent leurs troncs enlacent entre d'énormes nœuds.

En continuant de suivre le cours de l'Ardèche, à 4 kilomètres du pont d'Arc, on rencontre des ouvertures naturelles par où sortent des eaux que la rivière reçoit un peu plus loin ; ce sont les canaux de dégorgement du gouffre de la Goule, qui engloutit dans la montagne d'Uségé plusieurs ruisseaux qui en descendent.

A Valon, sur la rive gauche de l'Ardèche, sont de magnifiques grottes dans lesquelles on ne peut pénétrer qu'en rampant sur le ventre : cet obstacle ne nous a pas arrêtés ; quoique nous ayons vu des merveilles en ce genre, celles-ci n'ont pas laissé que de nous surprendre.

La profondeur de la première salle est incroyable, tellement qu'il est impossible à la lumière des torches d'en éclairer l'ensemble : les lueurs qui tombent vaguement sur les stalactites éloignés produisent une illusion d'optique capable d'effrayer les personnes superstitieuses : malgré que l'on soit bien persuadé que ce n'est qu'une illusion, on croit voir une foule de fantômes qui se meuvent et glissent dans l'ombre.

Les concrétions sur lesquelles les jeux de l'ombre et de la lumière produisent ce singulier effet sont des colonnes, des pyramides, des masses en forme de choux-fleurs gigantesques, des pétrifications dont les unes ont l'apparence d'arbres, les autres de tribunes, de niches gothiques; partout la voûte laisse suinter une eau limpide chargée de carbonate de chaux qui donne naissance à de nouvelles concrétions.

Ce n'est pas la seule grotte du département de l'Ardèche : parmi plus de cinquante autres, il y en a huit, et principalement la grotte de l'Argentière, qui méritent d'être vues.

Ce que ce département a de plus remarquable ce sont ses volcans éteints; ils sont en grand nombre; quelques-uns, comme celui de Saint-Léger, conservent un reste de travail souterrain dans leurs anciens foyers.

Le cratère de ce volcan est circulaire, des aiguilles de granit s'élèvent sur sa circonférence, des coulées de lave se sont étendues jusqu'au lit de l'Ardèche.

L'élévation du cratère de Saint-Léger est très peu considérable : il est presque au pied de la montagne.

Il se forme fréquemment dans le fond du cratère

des fissures par où s'échappent du gaz acide sulfureux et de l'acide carbonique : on voit fréquemment ce dernier s'échapper par grosses bulles des eaux voisines.

Un peu plus loin, et toujours sur la rive de l'Ardèche, au village de Nevrat, existent trois excavations naturelles remplies d'eau d'où s'échappent des gaz analogues à ceux du volcan de Saint-Léger.

Le long du Rhône les roches basaltiques sont très nombreuses; celle de Rochemaure a 100 mètres d'élévation; elle supporte un vieux château gothique ruiné.

Tout le terrain environnant est composé de laves, de cendres, de scories, et d'autres produits volcaniques.

De là on arrive bientôt au Chenavari, volcan éteint, formé d'une masse énorme de prismes basaltiques, produit, comme toutes les roches de ce genre, par des matières enflammées vomies en masse du sein du globe.

Après le refroidissement de la masse basaltique, un cratère s'ouvrit sur la nouvelle montagne; par suite de quelque tremblement de terre violent, il s'est écroulé : l'œil repose maintenant sur ce qui était, il y a bien des siècles, la cheminée du volcan.

Le sol des environs est une suite de coulées de laves qui ont été rejetées par le Chenavari.

Plus loin on voit les amas basaltiques du Mont-Jastrié.

Une montagne extraordinaire, c'est le Mont-Couiron : il est surmonté d'un immense cratère de 1,800 mètres de diamètre.

La chaleur dont ce volcan a été le foyer était si considérable que son intérieur, de même que l'intérieur du gouffre voisin, nommé Balmes de Montbrul, est rempli d'excavations qui s'enfoncent dans la montagne comme des fours énormes et profonds.

Les déchirures intérieures de ces abîmes sont extraordinaires ; on s'imagine voir des murs, des bastions, des tours à demi écroulées.

La lave et le basalte, les pouzzolanes, les scories de tout genre, attestent la violence et la longue durée des éruptions de ces anciens volcans.

Des sources minérales, des fontaines intermittentes, jaillissent du pied de ces masses ignivomes.

Outre ces volcans, on voit encore dans le département de l'Ardèche de puissantes aggrégations de prismes basaltiques s'élevant à une grande hauteur au-dessus du niveau du sol, et présentant de loin l'aspect d'immenses colonnades d'un noir sombre, supportant, comme les jardins suspendus de Babylone, d'épaisses couches de terre parées, pour la plupart, d'une belle végétation.

La rivière du Volant coule au pied de plusieurs de

ces admirables jets des matières en fusion que la terre recèle dans son sein.

Refoulées avec une violence extraordinaire, les matières basaltiques ont été repoussées brûlantes à la surface des terrains volcaniques; et lorsque le calorique les a abandonnées entièrement, par l'effet du retrait ou du resserrement qui accompagne toujours le refroidissement, elles se sont divisées en prismes à quatre ou six pans, dont quelques-uns ont plus de 17 mètres de hauteur.

Plusieurs de ces masses basaltiques ne sont pas recouvertes de terre : on voit les extrémités des prismes qui simulent un pavé régulier, ce qui leur a fait donner le nom de Chaussée des Géants.

La plus grande colonnade, le long du Volant, est celle qui se développe à la base de l'ancien volcan de la Coupe. Une large coulée de lave solidifiée s'étend du bord du cratère de la montagne et s'arrête sur le milieu de la chaussée.

Un beau bois de châtaigniers couvre le cratère.

D'autres volcans, le mont Jaugeac sur la rive du Vignon, le mont de la Gravenne sur celle de l'Ardèche, ont également vomi d'énormes coulées de laves qui se rattachent à de semblables chaussées ou colonnades basaltiques; et comme les terres qui proviennent de la décomposition des matières volcaniques sont très fertiles, de magnifiques arbres ornent ces paysages singuliers.

Les basaltes qui s'appuient sur la base des montagnes volcaniques sont évidemment des coulées prodigieuses de laves sorties du cratère, tandis que les montagnes basaltiques isolées qui ne se rattachent à aucun volcan ont été projetées par soulèvement, et après un déchirement violent du sol.

Tous les basaltes que nous avons examinés ici sont semblables quant à la contexture, et tous doivent avoir la même composition chimique; ils varient un peu sous le rapport des formes : les uns n'ont que trois pans, d'autres quatre, cinq ou six; les prismes à cinq pans sont les plus ordinaires.

Une colonne basaltique n'est pas d'une seule pièce; on voit de distance en distance une véritable articulation; la pièce inférieure s'emboîte dans une légère concavité de la pièce supérieure.

Dans un faisceau de prismes, toutes les articulations sont à la même hauteur : c'est à cette circonstance que sont dues ces sortes de grandes mosaïques naturelles qui terminent certaines agglomérations basaltiques, et que nous avons déjà désignées sous le nom de Chaussées des Géants.

Quelques-unes des colonnades que nous avons étudiées, et que j'ai dessinées, ont des cavernes intérieures dont la disposition est absolument analogue à celle de la célèbre grotte de Fingal, dans l'île volcanique de Staffa, à l'ouest de l'Ecosse.

Tous les prismes d'une masse de basalte ne sont pas perpendiculaires à l'horizon : on en voit d'inclinés dans divers sens, d'horizontaux, de courbés, d'entrelacés; mais la disposition perpendiculaire est la plus commune.

Le département de la Haute-Loire nous a présenté absolument le même spectacle que celui de l'Ardèche : des volcans éteints, des roches basaltiques, des grottes, tous les accidents enfin des contrées bouleversées par les éruptions du feu central terrestre.

Les principaux volcans de la Haute-Loire sont le Mézenc, le Denise, le Serre, le Saint-Geniex et le Couran.

Des masses incalculables de laves ont été projetées par les cratères de ces montagnes ignivomes.

L'Allier, qui traverse toute la région occidentale de ce département, coule longtemps dans un lit de laves que lui ont formé toute une chaîne de montagnes volcaniques moins importantes que celles que nous venons de citer.

Il y a eu un âge où toute cette partie du sol français, aujourd'hui les départements de l'Ardèche, de la Haute-Loire, du Cantal et du Puy-de-Dôme, était couverte de cendres et de laves embrasées.

Le chef-lieu du département de la Haute-Loire, le Puy, est assis sur un roc de lave. Au-devant de cette ville s'élève, comme un colossal obélisque, un rocher basaltique formé évidemment par soulèvement; il est entièrement isolé au centre d'une vallée. Sa hauteur est de 80 mètres.

La piété a consacré sur le haut de ce singulier monument de la nature une petite chapelle dédiée à saint Michel; on y arrive par une rampe creusée en spirale dans la roche même.

Un autre exemple de soulèvement des matières liquéfiées du noyau central de notre planète, c'est la Roche-Rouge, masse de lave enchâssée dans le granit d'une colline, à 3 kilomètres du Puy; son élévation est de 30 mètres, et deux coulées qui s'enfoncent dans les profondeurs du sol remplissent les voies que la matière en fusion s'était frayées.

A 2 kilomètres à l'ouest du Puy, près d'Espailly, se trouve une des plus belles colonnades basaltiques qui existent : elle est connue sous le nom d'Orgues d'Espailly, dénomination qui lui vient de sa forme; la hauteur des prismes allant en diminuant, lui donne de la ressemblance avec les tuyaux d'un buffet d'orgues d'une dimension extraordinaire. Les prismes les plus élevés ont 20 mètres.

Cette colonnade se développe sur une des rives d'un ruisseau, la Borne; sur la rive opposée se trouve un amas de basalte, mais différemment disposé : il affecte la figure circulaire; tous les prismes partent d'un

Voyages en France.

centre commun et divergent pour aboutir à la même circonférence.

Ailleurs le basalte a pris la figure d'un éventail; auprès de cette dernière roche tombe majestueusement une petite cataracte : c'est la chute du Besson, qui s'élance sur la lave d'une hauteur de 25 mètres.

De Pradel à Monistrol, l'Allier coule au milieu d'un lit de roches et de laves, déjections de trois volcans qui portent les noms poétiques de Tartare, d'Enfer, et de Mont du Feu.

Ces laves affectent les formes les plus bizarres; elles sont accompagnées de débris basaltiques, restes d'anciennes colonnades écroulées, dont les prismes gisent çà et là épars comme les colonnes de Palmyre dans le désert.

Au milieu de ces ruines, on est dans l'étonnement en contemplant une prodigieuse quantité de sphères de basalte disséminées de toutes parts; de ces boules, les unes sont libres, les autres sont enchâssées dans des prismes; il en est une qui se fait remarquer par son volume : elle a 13 mètres de circonférence, et adhère sur une masse de basalte.

Je ne finirais pas, mon cher Robert, si je voulais décrire toutes les singularités produites par les éruptions de volcans de ce pays; je terminerai donc ce qui a rapport au département de la Haute-Loire par la peinture de deux des phénomènes les plus remarquables du pays.

L'un, dont j'ai omis de te parler plus haut, est encore un amas de prismes basaltiques; l'autre est un édifice tout entier formé par la lave : tous deux jettent quelque lumière sur l'état du pays à l'époque où les volcans étaient en activité.

L'agrégat de basalte dont il est ici question se voit sur la rive droite de l'Allier, à Chilhac; la base de cet agrégat repose sur un lit de cailloux roulés : il se compose de prismes d'une longueur irrégulière qui, au lieu de s'élever perpendiculairement, sont inclinés et forment un angle de 48 degrés avec le sommet du volcan d'où ils sont sortis.

Au-dessus de cette assise s'élève un autre étage de prismes tous perpendiculaires à l'horizon.

Cette colline basaltique est taillée à pic d'un côté, mais de l'autre elle s'abaisse graduellement et vient mourir sur des roches peu élevées. On voit du côté inaccessible les ruines d'un vieux château, de l'autre les cabanes d'un pauvre hameau; le paysage ne manque pas de charme.

Voici la conséquence que mon oncle tire de cette constitution de la masse basaltique de Chilhac.

Tu te rappelles sans doute que son opinion est que le basalte doit être considéré comme une coulée de lave épanchée dans les eaux; il attribue la formation des prismes à un refroidissement subit de la matière enflammée, et au retrait qui s'en est instantanément suivi.

Il trouve donc dans les basaltes de Chilhac une confirmation de la réalité de son explication. En effet, la masse inférieure repose sur un banc de cailloux roulés, comme les eaux en entraînent toujours avec elles; l'assise intérieure est inclinée, parce que, par suite d'un violent tremblement de terre, il s'est établi dans la masse des eaux des courants qui ont renversé et entraîné un grand nombre de roches, et qui ont changé la position de celles qui ont résisté à leur impétuosité; une autre coulée de laves rencontrant encore les eaux a produit l'assise supérieure de la masse basaltique, et, d'induction en induction, il finit par conclure qu'à cette époque la mer couvrait le sud de la France, et que les volcans, par leur soulèvement, ont produit d'abord des îles, avant d'élever suffisamment les terres pour refouler la mer et donner à la Méditerranée son bassin actuel.

L'autre merveille dont il me reste à faire mention est placée dans la région opposée du département, dans l'est, sur la rive droite de la Loire.

De ce côté s'élèvent encore d'autres volcans, un entre autres, le Musclaux, dont les laves, épanchées en quantité prodigieuse dans les flots, ont pris une forme extraordinaire.

Les premières laves descendues, encore pénétrées d'une chaleur incalculable, ont réduit en vapeur une masse d'eau prodigieuse : la vapeur, pénétrant au sein de la lave même et s'y distendant, y a ouvert une cavité considérable ; la masse troublée dans son refroidissement n'a pu prendre une forme régulière : il en est résulté des accidents si bizarres qu'aujourd'hui, lorsqu'on aperçoit d'une certaine distance cette coulée merveilleuse, on croit avoir devant les yeux un édifice.

La lave simule un fronton soutenu par un péristyle irrégulier ; sa hauteur est de 60 mètres et sa largeur de 10.

Intérieurement la masse de lave forme une grotte à parois tourmentées, où l'action d'un gaz en expansion est clairement imprimée.

C'est ce singulier phénomène que plusieurs écrivains ont décrit sous le titre pompeux de Temple naturel de Goudet ; mais leur imagination a considérablement embelli cette curiosité volcanique.

Pour ne pas interrompre notre étude des volcans de la France, au lieu d'entrer dans le département de la Loire, dont nous touchions la limite, nous avons fait route à l'ouest, du côté opposé. Passant donc par Brioude, nous sommes entrés dans le département du Cantal.

Le territoire de cette contrée est un grand cône dont le Plomb du Cantal forme le sommet ; les flancs de ce cône sont sillonnés de montagnes qui divergent en cercle en se séparant du Plomb du Cantal, et laissent entre elles de profondes vallées.

C'est toujours, comme dans les deux départements précédents, un terrain volcanique, mais plus pittoresque encore, par suite de la disposition des montagnes.

Le Plomb du Cantal, centre de tout le système, est un volcan qui porte fièrement sa cime à 1,860 mètres au-dessus du niveau de la mer; il devait majestueusement dominer, à l'époque de son embrasement, la multitude de volcans secondaires qui rampent à ses pieds, tels que le Vialent, le Griou, le Puy-Mary, le Cabres, etc.

Dans ces montagnes, les colonnes basaltiques, les laves, les roches volcaniques, les cascades, se présentent de toutes parts.

De magnifiques pâturages couverts de troupeaux revêtent les pentes des monts et descendent jusqu'au fond des vallées, où serpentent mille capricieux ruisseaux.

La neige, dit-on, blanchit le sommet du Cantal et des montagnes voisines jusqu'à la fin du printemps.

Partout nous trouvons confirmée cette opinion que les volcans de l'Auvergne et du Vivarais ont éclaté au sein des eaux, et qu'ils se sont formés par soulèvement.

Tu me permettras de ne te donner qu'une simple énumération des curiosités naturelles de ce pays pour éviter les redites, puisque partout les colonnades basaltiques, les coulées de laves, se ressemblent.

De Murat à Saint-Flour, on voyage sur un prodigieux plateau de basalte ; près de la dernière de ces deux villes, les prismes mis à nu, et disposés par rangées d'une hauteur irrégulière, prennent le nom d'Orgues de Saint-Flour.

A Saillant, la chute de la Basborie se précipite de 40 mètres ; à Vic-sur-Cère, on voit une colonnade basaltique ; sur le penchant du Puy-Mary, une foule de cascades ; entre ses ramifications, les jolies vallées de la Cère, de la Jardanne, de la Cavade, des éboulements pittoresques, des grottes, des arbres magnifiques, parmi lesquels on cite le tilleul du hameau de Falgoux, dont la circonférence est de 7 mètres ; à Salins, un rocher de basalte haut de 34 mètres, qui interrompt tout-à-coup le cours de la rivière d'Auze, et l'oblige à se précipiter, en murmurant et en écumant, dans une vallée qui se trouve au pied du roc.

La chute de l'Auze masque une grotte creusée vers le milieu de la hauteur du rocher, dans laquelle une partie de eaux de l'Auze pénètrent par infiltration et produisent une source connue sous le nom de Fontaine des Druides.

Dans un pays jadis siége d'une combustion intérieure aussi active, les sources d'eaux thermales doivent abonder : elles sont en effet nombreuses ; les plus célèbres sont celles de Chaudes-Aigues, dont le nom signifie eaux chaudes.

Les sources de ce lieu, placées absolument au

pied du cône volcanique, jouissaient déjà, du temps des Romains, d'une haute réputation.

Les eaux de Chaudes-Aigues jaillissent à la base d'un volcan terminé par un plateau formé de basalte en table; la masse de la montagne est granitique.

L'eau est légèrement acidule; elle contient du fer et plusieurs sels; sa température varie de 70 à 80 degrés centigrades.

Ces sources, si fréquentées du temps des Romains, qui les nommaient *Calentes Baia*, ne sont plus guère aujourd'hui employées qu'à des usages domestiques; les habitants du pays les conduisent par des tuyaux sous leurs chambres, qu'ils chauffent ainsi sans employer de combustible; ils s'en servent encore pour dégraisser des laines et pour les usages culinaires.

La chaîne du Mont-d'Or, qui se rattache au grand cône du Cantal, est la route que nous avons suivie pour pénétrer dans le département du Puy-de-Dôme.

Avançant de crête en crête, descendant au fond des vallées pour escalader de nouveau chaque mont qui se dressait devant nous, cette partie de notre voyage nous a rappelé les Pyrénées. Si le paysage a un caractère spécial, on peut bien dire cependant qu'il n'est pas moins pittoresque; souvent nous avons joui de vues admirables et d'une prodigieuse profondeur d'horizon; plus d'une fois, par un ciel pur, nous avons cru apercevoir d'un côté les sommets des Pyrénées, de l'autre celui des Alpes.

Le Mont-d'Or, proprement dit, est aussi le sommet d'un second cône volcanique, absolument disposé comme le cône du Cantal, et qui se rattache à ce dernier par une longue ramification.

La base de ce cône couvre une circonférence de 8 myriamètres (20 lieues).

Le Mont-d'Or, volcan central, est entouré de toutes parts de volcans dont la hauteur diminue à mesure qu'ils s'éloignent de ce centre, ce qui les dispose par étages.

Le Cantal et le Mont-d'Or ont été longtemps deux îles au milieu d'une mer agitée par les convulsions intérieures de ce sol brûlé; ils sont devenus ensuite les deux parties les plus étendues d'un archipel, et enfin une terre continentale.

Là sont encore des basaltes, d'effrayantes coulées de laves, des cratères, des cascades, des grottes, des précipices, des gorges sauvages, des sources thermales.

Les principaux volcans du groupe du Mont-d'Or sont :

Le Mont-d'Or proprement dit, point culminant de tout le système, qui se dresse à 1,733 mètres au-dessus du niveau de l'Océan : le Puy-Ferrand, le

Puy de Sancy, la Débrise, la Cascadogne, la Croix-Morand, le Puy de l'Aigle.

Le volcan central, le Mont-d'Or, est célèbre par ses eaux thermales acidules et salines; leur température est de 42 à 45 degrés centigrades; elles jaillissent par quatre sources au fond d'une jolie vallée en amphithéâtre, couverte sur ses pentes d'une forêt de sapins.

Le pic du Mont-d'Or domine cette vallée, qu'il surpasse d'une hauteur de 900 mètres.

En hiver la montagne se couvre de neige et de petits glaciers qui ne persistent que jusqu'au milieu de juillet.

La vallée des bains du Mont-d'Or est encore dominée par trois autres montagnes : le Rigolet, le Luclègue et l'Ecorchadé.

Le Rigolet se termine par une croupe ronde couverte de sapins, au milieu desquels s'élèvent d'énormes prismes de basalte; l'Ecorchadé est sillonné de profonds ravins creusés dans la lave.

Sur les flancs de ces montagnes sont deux profonds et noirs précipices, l'un vertical, dans lequel se précipite en cascade un torrent écumeux, nommé la Dor; l'autre est une gorge taillée en entonnoir, dont l'intérieur déchiré, tourmenté, hérissé de laves brisées, de rochers calcinés, d'argiles qui portent les traces d'une violente incandescence, est à juste titre désignée sous le nom d'Enfer.

Dans cet abîme bouillonne la Dogne, qui sort d'un rocher.

La Dor et la Dogne vont unir leurs eaux dans la vallée des Bains, pour arroser ensuite plusieurs départements du sud-ouest, sous le nom de Dordogne, et s'unir à la Garonne pour former la Gironde.

Après sa naissance, la Dordogne reçoit un ruisseau que l'on appelle la Cascade, qui tombe du haut d'une montagne volcanique, dont les flancs sont creusés et dénudés par le choc incessant des eaux.

Le bruit de cette cataracte, grossi par les échos des rochers et des profondes cavernes qui l'entourent, se fait entendre, surtout pendant la nuit, à plusieurs kilomètres de distance.

Le curieux, placé sur le sommet de la montagne, à l'endroit même où la cascade se précipite, a sous les yeux un tableau magnifique : c'est une immense coulée de lave qui, haute de 20 mètres, s'arrondit en demi-cercle.

Cette enceinte ovale, malgré sa largeur et sa profondeur, est très régulière.

Dans certaines parties elle repose sur des cendres volcaniques, dans d'autres elle a formé des colonnes prismatiques; il en est où la lave paraît avoir été mal fondue; mais partout elle se décompose, et comme les éclats se détachent perpendiculairement par écailles et par lames, la masse dans sa hauteur paraît taillée à pic.

C'est au centre de l'enceinte que la cascade est placée, comme dans le point de vue le plus favorable ; c'est de ce demi-cercle, haut de 20 mètres, qu'elle se précipite ; mais la chute est telle que les laves sur lesquelles elle tombe la font rejaillir avec force en gouttes si divisées qu'elles forment un léger brouillard, et, s'il est permis de s'exprimer ainsi, une poussière d'eau qui mouille les objets placés à une grande distance.

Après une pluie, ou à la fonte des neiges, dit Legrand-d'Aussy, dans son *Voyage en Auvergne*, la cascade, transformée en rivière, s'élance impétueusement ; sa courbe augmente beaucoup ; elle tombe hors de son bassin ordinaire avec fracas.

A chaque instant, selon que le vent a plus ou moins de prise sur cette nappe d'eau, on la voit s'étendre, se diviser, se rétrécir, s'arrondir en colonne ou s'épanouir en éventail ; quelquefois, jetée contre la roche et déchirée par les aspérités qu'elle rencontre, elle forme une pluie à larges gouttes, ou bien elle tombe sous la forme d'une vapeur blanche ou d'une écume à gros flocons.

Au milieu de toutes ces ondulations si mobiles, la réfraction des rayons du soleil produit des effets de lumière ravissants, et quelquefois même toutes les nuances de l'arc-en-ciel.

Le vent n'imprime-t-il à la cascade qu'un doux balancement, les couleurs semblent suivre son mouvement et se balancer avec elle.

Dans les moments de calme, c'est une blancheur si éblouissante que l'on croirait l'eau changée en un torrent de lumière.

Enfin le courant se divise-t-il en filets ou se disperse-t-il en gouttes, alors tout étincelle : ces gouttes brillent de toutes les couleurs imaginables, comme un beau feu d'artifice.

A un myriamètre et demi des bains du Mont-d'Or, on entre dans l'étroite vallée de Rochefort, qui n'est, à bien dire, qu'un défilé : c'est une sorte de ravin creusé non par l'action des eaux, mais par celle du feu ; tout y est calciné, jusqu'à l'argile placée entre les roches.

Dans cette fente, qui est probablement l'ancienne cheminée d'un volcan dont le cratère s'est éboulé, s'élève le village qui donne son nom à la vallée ; les ruines d'un castel gothique, assises sur une roche de basalte, le dominent encore ; le fond de la gorge se termine par un bassin creusé dans le basalte, qui renferme le lac de Grury ; un torrent s'en échappe et serpente au milieu des aspérités du défilé.

Sur chacune des rives du torrent, semblables à

deux géants chargés de défendre le passage, une roche de porphyre brûlé et un groupe de prismes basaltiques se dressent et portent leurs têtes à une hauteur de 34 mètres.

L'aiguille de porphyre produit, par la réflexion des sons, un des échos les plus remarquables de ces montagnes.

Dans la vallée de Vandeix, formée par le rameau occidental du Mont-d'Or, on remarque avec étonnement un autre obélisque de basalte qui n'est point sorti d'un cratère, mais qui a surgi du fond de la mer par soulèvement. Cet obélisque a 1,178 mètres d'élévation ; sa pointe est une plate-forme sur laquelle se dressent audacieusement les ruines d'un donjon célèbre par les rapines exercées dans les vallées voisines, au XIV° siècle, par Mérigot Marchès, qui en était seigneur.

Le Mont-d'Or a aussi ses roches tremblantes, la Molatête et la Roche de Deveix. Cette dernière a 16 mètres de hauteur ; sa base arrondie repose sur un bloc de lave ; un effort modéré suffit pour lui imprimer un balancement sensible qui se répète dans trois ou quatre oscillations.

Nous avons employé trois jours à visiter les curiosités du Mont-d'Or, et je t'assure que nous n'avons pas eu le loisir de prendre du repos ; après quoi nous nous sommes dirigés vers le Puy-de-Dôme par la vallée de la Sioule et Pont-Gibaud.

Dans la vallée de la Sioule un magnifique spectacle nous attendait : un volcan voisin, le Côme, a lancé dans cette vallée un courant de laves sur lequel roule la rivière.

Voici le tableau que l'éruption a créé : le Côme est lui-même un prodigieux monceau de laves, de trachytes et de roches calcinées; il s'ouvrait non par un cratère ordinaire, mais par sept bouches encore béantes, dont les unes sont d'un noir de houille, tandis que les autres, percées dans une argile rouge que la chaleur a vitrifiée, font une illusion complète et semblent encore enflammées.

Sept courants de laves se sont épanchés de ces ouvertures; c'est dans l'encaissement produit par l'écartement de deux d'entre eux que la Sioule roule ses eaux avec rage, qu'elle jaillit en se précipitant contre les obstacles qu'elle rencontre, qu'elle bondit, écume, bouillonne, s'élance, se brise, réunit ses eaux comme pour prendre de nouvelles forces, suit en mugissant les sinuosités des roches basaltiques, et arrive enfin avec fracas à rompre leur résistance et à couler plus paisiblement dans un lit moins accidenté.

Rien n'égale la beauté du spectacle que présentent ces eaux furieuses au milieu de la lave, affectant mille formes singulières : ici jetée en arceau de pont; là s'élevant en aiguille; plus loin en crête déchirée; ailleurs fondue, creusée, feuilletée par l'action de l'air et des eaux ; partout ornée de lichens, de mousses, de fougères et de petits œillets odorants.

Les environs de cette singulière vallée de la Sioule ne sont pas moins curieux qu'elle-même : on y voit des mines de plomb argentifère, les grottes du Mont-Sarcoui creusées dans la lave, le volcan du Puy-de-Crau, l'étang de Fung, où les eaux sont retenues par une belle digue de lave, enfin le volcan du Puy de la Naguère, dont le cratère a vomi la masse effrayante des laves de Volvic que l'on exploite pour faire des trottoirs et paver même des routes.

Le Puy-de-Dôme n'est pas une des moindres curiosités de ce magnifique pays; cette montagne est un cône isolé, haut de 1,640 mètres, sans cratère à sa surface, qui n'a produit ni lave ni basalte, formé d'une base de granit et d'une roche calcinée particulière à cette montagne et à celle qui l'entoure, nommée pour cela même domite.

La forme du Puy-de-Dôme, la régularité de son contour, la constitution du terrain qui l'environne, ne permettent pas de le regarder comme le squelette d'une montagne plus considérable, dont le pourtour aurait été dégradé soit par les eaux, soit par les tremblements de terre.

On reconnaît en lui une formation paisible, un soulèvement lent et graduel, quoique produit par la pression incalculable d'une prodigieuse accumulation de vapeurs élastiques.

L'intérieur de cette montagne est creux, il n'y a pas à en douter; dans bien des parties le sol résonne sous les pieds; il semble que lors des éruptions cette immense coupole recevait dans sa concavité le reflux des vapeurs comprimées avant qu'elles déterminassent par leur pression le jaillissement de la lave par les mille bouches enflammées des volcans voisins, et que cédant et résistant tout à la fois, elle se soit élevée peu à peu.

L'extérieur du Puy-de-Dôme est entièrement privé d'arbres : c'est un vaste tapis de verdure qui le revêt complétement, excepté sur le tracé des deux seules routes qui donnent accès jusqu'au haut de la cime.

La vue dont on jouit à cette élévation est une des plus étendues et des plus singulières qui existent. Au pied de ce pic s'élèvent, séparées les unes des autres, soixante coupoles coniques qui ont été autant de volcans; leurs cratères sont encore là pour servir de monument à cette époque d'incandescence.

Des courants de laves, épars dans toutes les directions, ont produit des escarpements et des vallées; plus loin l'œil satisfait se repose agréablement sur la riche plaine de la verte Limagne.

Le panorama du Puy-de-Dôme déroule devant le spectateur 92 myriamètres de pays, formant cinq départements.

Les principaux volcans qui entourent ce géant de l'Auvergne sont : le Puy-Manson, le Grand-Sarcoui, le Petit-Sarcoui, le Nid de la Poule, le Puy-Chopine, le Puy-des-Gouttes, le Grand et le Petit-Cliersou, le Puy-Nérine, etc.

Quoiqu'ils ne se réunissent pas les uns aux autres en forme de chaîne, comme les Alpes, les Pyrénées, et même le Mont-d'Or et le Cantal, on les considère comme formant tout un système que l'on nomme les Monts-Dôme.

Du Puy-de-Dôme nous sommes enfin venus prendre notre quartier-général à Clermont, que nous quittons pour nous rendre dans trois jours dans le département de la Loire.

Une dépêche du ministre de la marine, que mon oncle doit recevoir à Montbrison, nous fera suivre la route de la Bretagne, si le ministre lui ordonne de prendre le commandement de son vaisseau qui est à Brest; ou, dans le cas contraire, nous irons à Marseille, pour revenir par les Hautes-Alpes et le Dauphiné.

Notre séjour à Clermont est fort agréable. La ville est belle; on y jouit de la vue d'un paysage admirable, et la société où nous avons été présentés par des amis de mon oncle est très agréable.

Comme on connaît le but de notre voyage, on s'empresse de nous faire les honneurs des curiosités des environs de la ville.

Tu penses bien qu'on n'a pas pas manqué de nous

conduire à la fontaine de Saint-Allyre, dont les eaux, chargées de carbonate de chaux, incrustent d'une couche pierreuse tous les objets qu'on y dépose.

On nous a montré ensuite un dépôt calcaire très singulier, produit par les eaux de cette fontaine et de plusieurs sources voisines.

La matière pierreuse a incrusté le lit de ces eaux, qui semblent couler dans un aqueduc; puis cette matière, rejetée par-dessus les rives, s'est accumulée : elle a bâti un véritable pont de pierre capable de porter chevaux et voitures, sous lequel passe le ruisseau; un autre pont de la même nature s'est formé plus loin.

Si on ne détruisait pas le travail continuel des eaux de ces diverses sources, elles couleraient en peu d'années sous une voûte continue.

La grotte de Royat, dont tous les paysagistes vont faire des études, nous a fait un grand plaisir; la route que l'on suit pour s'y rendre est charmante : elle traverse des prairies, des endroits bien ombragés, d'autres embellis par des roches basaltiques, par des coulées de laves aux formes bizarres.

Un petit ruisseau, la Fontanat, qui s'échappe de la grotte et coule dans la lave, se rencontre d'abord : ensuite on voit se dresser une masse de basalte haute de 13 mètres, dont la surface fendue, usée par le temps, est accidentée de toutes parts; le sommet de cette masse est décoré de buissons et de beaux arbres.

La grotte de Royat est une excavation naturelle de la base de ce roc ; elle s'ouvre par un arc à plein cintre, haut de 4 mètres ; sa profondeur est peu considérable ; sa largeur n'est que de 8 mètres. Cependant, malgré d'aussi petites dimensions, c'est un réduit où la nature s'est plue à réunir plus d'un genre de beautés : on croirait, en y entrant, pénétrer dans la demeure d'une naïade : malgré l'étendue de l'ouverture de la grotte, il n'y pénètre qu'un demi-jour agréable, parce que les rochers voisins projettent de l'ombre de tous côtés ; des mousses d'un vert d'émeraude, de jolies fougères, des lichens, les uns de blanc d'argent, les autres d'un jaune de soufre, font ressortir la teinte noire de la roche ; sept sources jaillissent en murmurant et s'entrecroisent avant de mêler leurs ondes ; des blocs informes, des prismes de basalte, des scories de lave violette, forment et incrustent les parois ; la voûte, sur-baissée au milieu, s'élève en dôme aux deux extrémités.

Tous les environs de Royat, la vallée, le sol sur lequel le village est assis, sont sortis des entrailles du Puy-de-Graveneire, qui domine le paysage.

Les laves vomies par ce volcan conservent encore des formes heurtées qui témoignent de la violence des éruptions ; une crevasse de la lave, creusée de profondes cavités par ces dégagements subits de gaz, ayant ses flancs hérissés d'aspérités, de saillies, de laves contournées de mille façons singulières, porte le nom d'Enfer du Graveneire.

Je n'ai pas omis de prendre des vues de ces divers points des environs de Clermont; à mon retour tu seras étonné de l'énorme quantité de dessins que je rapporte; j'aurai une bonne moitié des beautés naturelles de la France dans mon portefeuille.

Mais que dis-tu de mon interminable bavardage?

Voilà, je crois, la plus longue lettre dont je me sois rendu coupable.

Il est bien temps de t'accorder un peu de repos après une lecture aussi pénible. Si cependant mes longues descriptions ne te fatiguaient pas trop, tu me le prouveras en ne craignant pas de m'envoyer à ton tour une missive d'une étendue raisonnable.

Adieu, mon cher Robert; je suis et je serais toujours ton meilleur ami.

XII

LA VALLÉE DE MUNSTER.
LE LAC NOIR ET LE LAC BLANC. — LE MONT KAISBERG.
LE JURA.
GROTTES D'OSSELLES. — LE SAUT DU DOUBS. — FORTIFICATIONS NATURELLES.
LE MONT RECULET. — LA PERTE DU RHONE.
LE LAC INTERMITTENT DE DROM. — CASCADE DU FURON.
LE VAL DU BOUT DU MONDE.

Robert à Charles.

Dijon, 20 septembre 1840.

Je viens de trouver à mon arrivée ici, mon bon Charles, tes deux dernières lettres : celle qui est datée de Rhodez, et la suivante écrite de Clermont-Ferrand ; tu ne saurais croire combien elles m'ont fait de plaisir.

Il me semble, en les lisant, que je suis auprès de toi, que nous parcourons ensemble les admirables contrées dont tu me fais la description; que je les vois, que je les connais aussi parfaitement que l'Alsace et la Franche-Comté que j'ai visitées à fond.

Tu crains que ce que tu appelles tes longues descriptions ne me fatigue?

Est-ce modestie de ta part, ou une épigramme que tu me lances, pour me reprocher le laconisme des miennes?

Si c'est modestie, tu as tort; je trouve trop d'intérêt dans tes récits pour ne pas les lire, je ne dirai pas seulement avec satisfaction, mais encore avec bonheur; si c'est une épigramme, tu n'es pas juste; car la meilleure part t'est échue.

Qu'est-ce que mes modestes Vosges, mon agreste Jura, comparés à tes majestueuses Pyrénées, à tes volcans terribles de l'Ardèche et des monts d'Auvergne? Sois donc indulgent; les sujets de mes tableaux ne peuvent égaler ceux des tiens, et il ne faut pas exiger que je sorte de la simplicité que demande leur peinture pour être fidèle; toutefois je vais apporter tous mes soins à les rendre dignes de toi.

En quittant Strasbourg, j'ai été regagner la chaîne des Vosges, pour ne pas me séparer trop promptement des beaux sites de ces montagnes.

Je suis arrivé à pied par conséquent à Sainte-Marie-aux-Mines; on y exploite des minerais de cuivre, de plomb, d'arsenic, de cobalt, et de la houille;

j'ai eu soin d'y réunir de beaux échantillons des diverses variétés de ces métaux pour notre collection ; j'ai trouvé aussi de magnifiques cristaux de roche et des granits de diverses nuances.

Les Vosges, de ce côté, ne le cèdent pas, pour le plus pittoresque des aspects, aux parties situées dans le département du Bas-Rhin, ni même à celles du département des Vosges, quoique les monts s'y abaissent considérablement ; cependant le mont Guebwiller a encore 1,000 mètres d'élévation.

La vallée de Munster est bien ce que j'ai vu de plus admirable depuis que je suis en Alsace : le site est d'une fraîcheur extraordinaire ; bois, prairies, accidents de terrain, tout y attire la vue ; les lignes de l'horizon ont de la grandeur et de la simplicité : on croit voir un beau tableau de Poussin, et, comme si l'industrie humaine avait voulu y entrer en lutte avec la nature, les ruines de châteaux gothiques, les usines modernes, sont placés de manière à faire ressortir encore l'élégance du paysage.

Une jolie rivière, le Fecht, serpente au centre de la vallée ; un lac de 50 mètres de profondeur achève d'embellir le paysage, et la petite ville de Munster, avec ses flèches gothiques, fait prespective au fond du tableau.

A 4 kilomètres de la vallée de Munster on va visiter le val d'Orbey, arrosé par une petite rivière, la Veiss, dont les bords sont ornés de saules, de peupliers et d'admirables prairies : la source, ou plutôt les sources de ce joli courant d'eau, remplissent le bassin de deux lacs, d'où elles s'épanchent ensuite, comme les urnes de deux naïades, pour couler dans le même lit; l'un de ces lacs, ombragé de montagnes couvertes de sapins, réfléchit le feuillage triste et sévère de ces géants des forêts du Nord; ses eaux semblent chargées de leur teinte lugubre, ce qui lui a valu le nom de lac Noir; des masses granitiques surgissent des rives, s'élancent au-dessus des cimes des arbres, et versent en cascades dans la coupe du lac les ondes limpides de plusieurs fontaines.

Par opposition, l'autre lac porte le nom de Blanc; comme le premier, il est entouré de rocs de granit; mais les montagnes qui l'environnent n'ont d'autre ornement que le tapis d'une pelouse d'un vert d'émeraude; il ne réfléchit point l'ombre mystérieuse des forêts de sapins, et, malgré sa profondeur, ses eaux ont une si grande limpidité que l'œil distingue sans peine le joli sable blanc qui revêt le fond.

Cette vallée semble un frais oasis au milieu d'un désert, ou plutôt d'un chaos de roches fracassées, de masses de granit éboulées, d'arbres brisés, qui recouvrent le sol voisin dans une circonférence de plus de 2 kilomètres.

A l'horizon, les ruines du château du célèbre Rodolphe de Hapsbourg se dressent sur le sommet du Kaiserberg, ou Mont-Impérial.

En passant de vallée en vallée, je suis arrivé à Giromagny, où je devais faire mes adieux à ces belles montagnes des Vosges.

Ce riche et beau vallon termine admirablement les Vosges du côté du département du Doubs; il offre comme un résumé de toutes les merveilles de la chaîne : une belle montagne terminée en dôme, comme le Ballon d'Alsace; des lacs, une rivière, des cascades, des roches de granit, des forêts d'arbres verts, des ravins, des carrières, des mines d'argent, de cuivre et de plomb en exploitation, de gras pâturages, des forges et des usines.

En quittant Giromagny, j'ai dirigé ma course à l'ouest, pour descendre dans le département de la Haute-Saône; il m'a fallu gravir les Vosges pour gagner le revers opposé à celui où je me trouvais.

Jusqu'à Vesoul, chef-lieu du département, le paysage est agréable, mais il n'offre rien de remarquable.

A Vesoul on se trouve sur un massif de ce calcaire nommé par les géologues *calcaire jurassique*, parce qu'il forme le noyau de la chaîne du Jura.

Là commencent à paraître les grandes excavations ou grottes, si communes dans les terrains calcaires; à peu de distance de Vesoul une de ces excavations, au lieu de se diriger parallèlement à l'horizon, s'enfonce perpendiculairement au pied d'une roche; on la nomme le Frais-Puits.

Au fond de l'abîme est une ouverture de 9 mètres de circonférence, qui sert de limite à une eau ordinairement calme et tranquille; cependant de vastes réservoirs se trouvent au-dessous, dans lesquels les eaux, venant soit à être comprimées par de violents courants d'air, soit par des débordements intérieurs, jaillissent tout-à-coup avec violence, couvrent la plaine de Vesoul, et roulent impétueusement jusqu'à la Saône.

La grotte de Chaux est également voisine de Vesoul; on y voit d'assez belles cristallisations; mais, en fait de grottes, que puis-je t'apprendre aujourd'hui, à toi qui as vu ce que la France a de plus beau en ce genre?

Moi qui suis moins blasé sur les curieux accidents qu'elles présentent, j'ai visité avec plaisir le trou de la Baume, près de Vesoul, suite de galeries et de salles qui contiennent des ossements fossiles en quantité prodigieuse; une des salles s'élève en coupole à une hauteur considérable : on la nomme le Grand-Clocher.

Près de Champlitte, sur la limite du département de la Côte-d'Or, j'ai pénétré dans les grottes de Sainte-Agathe et de Saint-Martin, qui contiennent, comme la première, des ossements fossiles d'animaux antédiluviens.

De Champlitte à Besançon j'ai voyagé en diligence;

après deux jours de repos dans l'ancienne capitale de la Franche-Comté, mes courses ont recommencé.

Ma première visite appartenait bien légitimement aux grottes d'Osselles, qui se trouvent à 2 myriamètres de cette ville.

Cette grotte est une des plus vastes cavités souterraines de cette contrée de la France, qui en renferme un si grand nombre.

Il est probable qu'au-dessous de cette immense caverne d'autres plus considérables encore s'étendent au loin; car, en entrant, le gardien chargé de conduire les curieux ne manque pas de lancer violemment une pierre contre le sol, ce qui produit un long et sourd mugissement intérieur qu'on entend se prolonger d'écho en écho.

Des stalactites en nombre prodigieux et de toutes les formes imaginables décorent l'intérieur de la première salle; des masses transparentes, semblables à d'énormes cristaux d'aragonite rouge, produisent un singulier effet lorsqu'on place la lumière derrière elles : une lueur rouge et infernale éclaire tout l'intérieur; le moindre objet prend une teinte et un aspect effrayants.

Après avoir traversé d'autres salles et une longue galerie, on franchit, sur un pont, un étang souterrain que l'on prétend d'une profondeur extraordinaire; de l'autre côté est un passage qui longe un précipice dangereux; enfin on arrive au fond de la grotte où se trouvaient autrefois d'amirables stalactites : on n'en trouve plus que les débris, chaque curieux en emportant quelque fragment comme monument de son voyage dans les entrailles de la terre.

Au village de Remonot, une grotte de 30 mètres de longueur, qui s'enfonce dans un rocher, sert d'église et est placée sous le village même.

Aux environs de Pontarlier, sur la frontière de Suisse, au fond d'une étroite vallée, creusée en forme de puits, où l'on descend par une rampe naturelle, on voit se précipiter, de l'ouverture d'une caverne formant un arc immense de 60 mètres de courbure sur 32 de hauteur, une rivière assez forte, la Loue, qui descend ensuite avec fracas de rocher en rocher à la base de la montagne. L'industrie s'est emparée de cette imposante chute, et en utilise la force pour mettre en mouvement d'ingénieuses machines dans des usines de natures diverses.

Le Doubs, au-dessous du village de Morteau, sur la frontière de Suisse, donne une image réduite des belles cataractes si vantées de l'Amérique du Nord : on connaît cette chute sous le nom de Saut du Doubs.

Après avoir coulé au milieu d'un pays bien cultivé, la rivière s'engage tout-à-coup dans un défilé formé par des roches nues dont les flancs ne portent aucune trace de végétation, et qui bientôt s'élèvent, comme des falaises à pic, jusqu'à une hauteur de 133 mètres; des grottes s'enfoncent dans leurs flancs obscurs, et

JUBÉ DE L'ÉGLISE DE TROYES.

les eaux y tournoient lorsque la rivière est haute ; le défilé fait un circuit, s'élargit en bassin ; le Doubs, y perdant toute sa profondeur, s'étend sur une surface de près de 100 mètres de circonférence, au milieu d'un chaos de roches éboulées ; des sapins bizarrement contournés se penchent du haut des rochers sur le bassin. Un nouveau défilé resserre le lit de la rivière, qui s'élargit une seconde fois ; un bruit grave se fait entendre au loin : on avance, les roches s'abaissent, le bruit augmente ; encore quelques pas, on se trouve suspendu au-dessus d'un abîme de 70 mètres de profondeur, dans lequel le Doubs écumant se précipite avec fracas et roule dans un lit que lui forment les deux chaînes de rochers jusqu'à 26 mètres du fond de l'abîme ; là les eaux n'ayant plus de soutien tombent en masse avec un bruit assourdissant.

C'est un des spectacles les plus imposants dont j'aie été témoin. En contemplant cette chute du haut de la cataracte on éprouve un sentiment de crainte religieuse, et on est pénétré de tout le néant de la nature humaine en se trouvant ainsi face à face avec les œuvres du Créateur.

Je n'abuserai pas de ta patience, quoique tu aimes les longues lettres, au point de te décrire minutieusement les autres curiosités de ce département.

Je ne te parlerai donc ni de la position pittoresque du fort de Joux qui commande les passages de la Suisse, ni de la glacière naturelle de Chaux-les-

8..

Passavants, ni de la caverne du château de La Roche, de la grotte de Sainte-Suzanne, du vallon du Bout-du-Monde, ni de plusieurs fontaines intermittentes que j'ai non-seulement visitées, mais même dessinées.

Je me transporterai donc immédiatement dans le département du Jura, en le priant de m'y suivre; mon séjour y sera de peu de durée.

C'est par Salins que je suis entré dans ce département; cette ville, bâtie dans la montagne, tire son nom des eaux chargées de sel qui sortent d'une masse de gypse blanc et rose, au-dessous de laquelle doit s'étendre un banc de sel gemme.

Près de Clairvaux, dans l'ouest du département, on contemple avec étonnement une citadelle naturelle : c'est un rocher qui s'élève, par une pente rapide, de 266 mètres au-dessus d'un vallon ; sa cime est taillée de manière à figurer des bastions avec leurs flancs angulaires reliés par des courtines ; des batteries disposées par étage les dominent ; tous ces ouvrages ne sont cependant que l'œuvre de la nature.

Quant aux grottes, elles sont en nombre incroyable dans les massifs calcaires du Jura : les principales sont celles de Loizia, de Revigny, de Balerne et de Mignovillard.

La première est au fond d'un vallon ; elle ressemble intérieurement à une église dont la croix de la nef serait surmontée d'une coupole immense.

Le sol y est couvert de pétrifications ; les stalactites sont magnifiques.

Les grottes de Revigny s'ouvrent aussi au fond d'une vallée ; leur longueur est si considérable qu'on n'a point encore osé les parcourir en entier ; les deux autres n'ont aucune singularité notable.

Dans la commune de Chatagna, au bas d'une colline de 233 mètres d'élévation, on voit une voûte béante taillée dans la roche ; en hiver elle donne issue à un jet d'eau qui monte à 4 mètres, puis alimente un cours d'eau très rapide ; dans la saison où nous sommes, cette bouche ne donne issue qu'à un fort courant d'air ; le torrent est à sec.

J'ai encore vu avec un plaisir infini la source de l'Ain ; la gorge du mont Syrod, au fond de laquelle est un gouffre rempli d'une eau limpide ; la fontaine de Soulaine qui s'élance en jet du fond d'un bassin calcaire taillé en entonnoir ; les sources intermittentes de Noires-Combes ; les cascades de Flumen, de Tresergey, de Saint-Claude ; le lac du Grand-Vaux, la vallée sauvage de la Beaume, solitude entourée d'énormes roches inclinées de 45 degrés sur d'autres masses de rochers.

La vallée est fermée par deux énormes rochers qui semblent les piliers gigantesques d'une porte cyclopéenne; ils ne laissent entre eux qu'un étroit passage; au fond de cette gorge lugubre jaillissent les sources de la Seille.

Les vallées voisines, par leur fraîcheur et la beauté de leur paysage, dédommagent de l'impression pénible que l'on éprouve en pénétrant dans cette thébaïde, où ont habité jadis de saints personnages qui se livraient à la vie contemplative.

La chaîne du Jura, comme tu le sais, sert de barrière entre la France et la Suisse; d'une part elle se rattache aux Vosges, domine le lac de Neufchâtel et le lac de Genève; de l'autre elle se relie aux Alpes, et elle forme le revers opposé du commencement de la vallée du Rhône de l'Isère. Le mont Reculet, dont j'ai mesuré la hauteur au baromètre, est le point culminant de la chaîne; son élévation au-dessus du niveau de la mer est de 1,717 mètres.

Au sommet de ce mont, j'avais à l'est la Suisse en perspective, et à l'ouest la France.

Les autres points les plus élevés du Jura, après le Reculet, sont le mont Tendre qui à 1,690 mètres, la Dôle 1,681, et le Colombier 1,675.

En suivant la crête de ces monts, je suis arrivé à Châtillon-de-Michaille, dans le département de l'Ain, à peu de distance de la perte du Rhône.

Ce fleuve, après avoir traversé le pays de Gex, au sortir du lac de Genève, coule dans un étroit défilé bordé de rocs brisés par les eaux; son cours est embarrassé par des masses considérables de rochers entre lesquels il bouillonne; captif dans un canal hérissé d'obstacles, il roule avec la fureur d'un torrent au milieu des précipices; deux fois il s'élance en cataracte pour retomber encore dans un lit calcaire large à peine de 10 mètres, dont il mine lentement la partie inférieure; ce lit se resserre ensuite de plus en plus, et autrefois il était recouvert entièrement par des roches sous lesquelles le fleuve disparaissait pour ressortir plus loin et se développer enfin majestueusement, et devenir le plus beau fleuve de France.

On désignait donc sous le nom de Perte du Rhône le point où les eaux disparaissaient sous leur voûte de rochers.

Aujourd'hui que l'on a employé la mine pour briser ces rocs, passage favori des contrebandiers, le Rhône coule à découvert.

De la perte du Rhône à Nantua on parcourt un magnifique pays, qui rivalise avec les vallées suisses du Jura; et, si l'on s'élève sur le sommet des montagnes, dont plusieurs, comme le Mont-d'Or, n'ont pas moins de 1,462 mètres de hauteur, on jouit d'un horizon immense. On voit s'étendre à ses pieds, sur le premier plan, les belles vallées du Rhône et de la Saône; sur le second, les dernières pentes du Jura, la chaîne des Alpes, dominée par les étincelants glaciers du Mont-Blanc, et dans les lointains les plus reculés les monts d'Auvergne et les Cévennes.

Des lacs, des forêts, varient les diverses parties de cet admirable panorama.

La végétation du département de l'Ain est d'une vigueur extraordinaire; le feuillage des arbres se fait remarquer par son abondance et sa belle verdeur: L'humidité de l'air, entretenue par l'évaporation des eaux des lacs et des étangs innombrables qui envahissent une surface de 30,467 hectares, produit cette riche végétation; mais, par une funeste compensation, la population languit au milieu de ces émanations trop aqueuses.

Nantua, dont je citais le nom il y a un instant, s'élève dans une superbe vallée embellie par un des plus beaux lacs que l'on puisse voir.

Des roches pittoresques, couvertes de sapins sur leurs cimes, ornées de jolies bruyères à leur base, encadrent le lac et la vallée; çà et là des groupes d'arbres semblent de frais bocages plantés à dessein au milieu du tapis velouté de la prairie; une jolie cascade tombe avec un léger murmure du fond de la vallée, et devient un ruisselet qui serpente au milieu des glaïeuls et des roseaux jusqu'à ce que le lac le reçoive dans son sein.

A quelques kilomètres de Nantua est la vallée de Drom, une des singularités les plus bizarres que j'aie encore rencontrées. Lorsque j'y arrivai, je ne vis qu'un sol calcaire fort sec sur les routes et les sentiers, et cependant cultivé en prairies; des cavités s'ouvrent sur plusieurs points, et un entonnoir au fond duquel est une sorte de source à niveau constant gît au pied du village de Drom.

Le soir me surprit dans cette vallée; je me logeai à l'auberge plus que mesquine du hameau, pour attendre la journée suivante.

Je n'eus pas lieu de m'en repentir : au milieu de la nuit, un orage violent éclata.

Le ciel avait repris sa sérénité, lorsqu'un bruit assourdissant se fit entendre.

Je crus que plusieurs torrents faisaient irruption dans la vallée, et qu'ils allaient nous inonder. On me fit voir l'eau qui jaillissait impétueusement par l'entonnoir de la source.

On entendait en même temps le bruit des cascades qui s'élançaient par les bouches des autres cavités; en moins de deux heures, la vallée se trouva transformée en un vaste lac. Alors le bruit cessa, les eaux commencèrent à décroître, et le lendemain, à midi, il ne restait que de légères traces de l'inondation. Ce phénomène se renouvelle chaque fois que la pluie est abondante ou de quelque durée.

Au reste, la vallée de Drom ne jouit pas seule de ce privilége dans ce pays, qui semble placé sur une voûte suspendue au-dessus des lacs souterrains; on m'a montré plusieurs ouvertures qui lancent également de prodigieuses quantités d'eau après les grandes pluies; j'ai même été témoin de l'éruption de l'une d'elles.

Auprès de Belley, on me montra la cascade de Furens, torrent qui se précipite d'une montagne. Pendant que j'admirais le site pittoresque de la cascade, un mugissement souterrain se fit entendre sous nos pieds : comme je restais interdit, on me rassura en m'apprenant que ce bruit annonçait une éruption d'un torrent voisin, appelé le Groin.

Nous y courûmes à la hâte; on me fit arrêter sur un roc qui planait au-dessus d'un bassin calcaire de 40 mètres environ de circonférence.

Les mugissements devenaient de plus en plus violents; ils furent suivis d'un flot bouillonnant qui remplit presque instantanément le bassin et avec fureur; ce débordement dura trois heures; l'eau rentra ensuite en terre par un gouffre qui s'ouvre au fond du bassin.

Parmi les autres curiosités de ce département, je puis encore signaler les carrières d'asphalte de Seyssel, d'où l'on a retiré le bitume qui a servi à daller les boulevards de Paris, et noter plusieurs grottes ornées de stalactites, entres autres celles de la Balme et les grottes de Suran.

Cette excursion dans le Jura, où il m'a fallu constamment voyager à pied, m'avait passablement fatigué ; je voulais aller passer quelques jours à Lyon, et t'y attendre, pour visiter ensuite avec toi les Alpes françaises et la Provence ; mais une lettre pressante vint me rappeler à Paris.

J'ai donc été forcé de renoncer à la surprise que je te préparais et au plaisir que la suite de notre voyage me promettait.

J'ai pris tristement la route de Paris par Mâcon et Dijon ; je n'avais rien à visiter dans le département de Saône-et-Loire.

A Dijon, je me suis arrêté deux jours pour répondre à tes lettres et faire une petite excursion jusqu'à la source de la Seine ; je voulais voir, à Saint-Seine-l'Abbaye, la nymphe de notre fleuve parisien ; sa demeure n'a rien de poétique : les eaux s'épanchent non d'une grotte pittoresque ou d'une cascade limpide, mais d'une simple fontaine bien humble, qui n'annonce en rien l'origine du fleuve que doit vivifier la capitale de la France.

En venant de Mâcon à Dijon, j'ai vu le ruisseau de la Cusanne, dont l'origine s'annonce avec plus de majesté. Il a deux sources, l'une coulant constamment, l'autre intermittente, mais produisant une belle chute perpendiculaire de 26 mètres, au milieu de superbes rochers calcaires disposés par assises inclinées en sens contraire ; l'eau, par son choc continuel, s'est creusé une vasque circulaire semblable à la conque d'une fontaine architecturale, et d'une circonférence de 22 mètres.

Le ravin où se précipite la nappe de la cascade porte le nom singulier de Val du Bout-du-Monde.

Voilà ce que j'aurais aimé pour la source de notre belle Seine.

Actuellement, mon cher Charles, c'est de Paris que tu recevras de mes nouvelles; je souhaite t'y embrasser le plus tôt possible, quoique je désire en même temps que tu puisses achever ton voyage.

Adieu, etc.

XIII

THIERS. — LE LAC PAVIN.
GROTTE DE SOLORE. — LA FONTAINE DE VAUCLUSE. — AVIGNON.
GROTTE DE MONS.
LE MONT VISO. — LA GRANDE CHARTREUSE.
LE PÈRE CHARPIN.

Charles à Robert.

Lyon, 6 octobre 1840.

Nous en avons fini avec le midi de la France; nous revenons de Marseille et nous allons reprendre la route de Paris, ce qui ne veut pas dire que je t'y embrasserai la semaine prochaine, car je ne compte pas y arriver avant le 25 novembre au plus tôt.

C'est en faisant un léger circuit dans l'ouest que je reviens à Paris; chemin faisant je quitterai mon oncle à Brest, où il doit s'embarquer le 15 novembre, pour aller passer l'hiver en station sur la côte du Sénégal. Tu comprends donc pourquoi il me faut près de deux mois pour me rendre de Lyon à Paris.

Il est fort heureux que tu ne sois pas venu m'attendre ici au passage, tu te serais exposé à y faire une longue station. Une lettre que mon oncle a reçue à Clermont, peu d'instants avant notre départ, a fixé notre itinéraire, et nous a détournés alors du département du Rhône.

Nous allions quitter Clermont lorsque j'ai fermé ma dernière lettre; comme on nous avait beaucoup vanté la ville de Thiers et quelques sites des Monts-d'Or que nous n'avions pas visités, entre autres le lac Pavin, mon oncle a pris la route de cette ville, et ensuite celle de ces montagnes, avant d'aller dans le département de la Loire.

THIERS.

Thiers, dit M. Charles Malo, n'est ni une grande ville, ni une ville jolie; mais sa situation présente des points de vue étranges que le peintre et le voyageur se plaisent à rechercher; et d'abord ce qui attire les regards, c'est cette rivière qui accourt du sommet des montagnes, qui bondit follement, se joue avec les inégalités de terrain, tour à tour gronde et bouillonne contre le roc qu'elle traverse, ou s'endort paresseuse dans sa couche élargie ; avec ses bonds capricieux, ses chutes bizarres, elle imprime le mouvement à tous ces moulins à papier assis de distance en distance sur ses bords.

Au-delà de Pont-du-Château, les riches plaines de la Limagne forment un singulier contraste avec les côtes escarpées qui environnent Clermont.

C'est le long de l'Allier que ces belles plaines s'étendent et fuient à plusieurs lieues pour se briser contre l'une de ces montagnes si fréquentes en ce pays, contre le Puy-d'Allier, dont les sommités ont tour à tour servi de base à des monastères, à des castels, à des forteresses, que la main du temps a détruits.

Traversez la rivière : et voici, d'un côté, Thiers avec sa verte prairie qui s'étend au loin devant vous ; à gauche, le mont de l'Hermitage ; à droite, le village de Servières, célèbre par les romances de l'*Astrée*, et, tout auprès, le mont Saint-Thomas, plus élevé encore que l'Hermitage.

Suivez maintenant cette route qui passe auprès de la Durole ; cette route devient sans cesse et plus inégale et plus escarpée ; vous gravissez la montagne qui domine Thiers.

De ce point admirez le beau panorama ! voyez ces champs de la Limagne, cette chaîne de rochers et de précipices qui les resserre, et au-dessus de tout cela contemplez le Puy-de-Dôme, géant superbe.

A voir ensuite Thiers sur la hauteur où cette ville est bâtie, on dirait que toutes ses maisons ont été jetées là pêle-mêle, et qu'un obstacle imprévu les empêche seul de rouler dans la plaine; et l'on n'y arrive pas sans regarder avec une sorte de crainte si ces murailles, ces tours, ne vont point s'écrouler sur vous.

Mais du sommet de cette hauteur on aime à suivre des yeux cette jolie rivière de la Durole qui gazouille dans son lit étroit et rocailleux; plus loin, cette sombre masse de rochers dont les têtes menaçantes pendent, avec les arbres qui les recouvrent, sur la vallée; et, tout autour, cette nappe de prairies qui s'en va du côté de Clermont.

L'intérieur de Thiers paraît, de prime abord, riant et spacieux; d'un côté, la ville s'élève sur un plateau détaché d'une immense montagne; de l'autre, sur une pile de rocs qui montent perpendiculairement, et du haut de *l'hôtel de France* on jouit d'un point de vue admirable qui s'étend à la fois sur les eaux, les bois, le vallon et les hauteurs voisines, au milieu desquelles le Mont-d'Or présente son front de neige. Alors on aime, en ramenant ses regards plus près de soi, à trouver ici ce que l'on ne rencontre guère en France, quelques maisons peintes à fresque; puis on se prend à rêver, dans cette ville d'Auvergne, aux belles fresques de Nice, ou mieux encore à celles de Gênes.

Mais avancez toujours, et le tableau changera pour vous de la manière la plus singulière.

Ici des rues étroites et sales, des maisons irrégulières entassées les unes sur les autres, des portes basses, mal entretenues, des fenêtres obscures. Toutes ces lignes grossièrement contournées d'habitations qui manquent d'air et de lumière, toutes ces allées tortueuses, sur un pavé détestable, vont vous faire regretter l'atmosphère pure et l'aspect des champs dont vous jouissiez tout à l'heure; car, il ne faut chercher ici ni édifice public d'un goût imposant, ni belle église, ni place somptueuse.

Que si pourtant vous prenez intérêt au développement de l'industrie, vous passerez sur l'impression défavorable qui vient de vous saisir, pour admirer alors l'activité qui règne autour de vous, ce peuple d'ouvriers et de marchands qui courent à leurs affaires, ces maisons qui toutes ont une boutique, qui touchent toutes à un atelier.

Thiers possède trois grandes fabrications : la tannerie, la papeterie et la coutellerie. Pour sa coutellerie, cette cité marche presque l'égale de Saint-Etienne et des premières manufactures de l'Angleterre; elle exporte ses produits en Espagne, en Italie, et jusque dans le Levant et les Indes. Cette branche d'industrie seule lui rapporte jusqu'à deux millions par an.

Ses moulins à papier et ses tanneries sont situés, de distance en distance, le long des bords de la Durole.

Thiers fabriquait, dès 1769, douze mille quintaux de papier.

. . . .

. . . .

Le lac Pavin est en effet digne d'attirer l'attention des naturalistes. Il est placé dans le cratère même d'un ancien volcan, au sommet d'une montagne ; sur ses bords s'élève un magnifique rideau de verdure formé par une pelouse recouverte d'arbres superbes ; ce rideau s'étend en pente assez rapide dans la concavité du cratère : sa longueur est de 42 mètres.

A l'époque où le volcan était en combustion, il existait dans l'enceinte du cratère une échancrure par laquelle s'écoulaient les laves qu'il vomissait.

C'est par cette échancrure que le lac déborde : l'eau y coule sur un lit de laves qui forme une sorte de déversoir.

Du banc de laves elle tombe en cascade dans un canal qu'elle s'est creusé sur le penchant de la montagne, et, gagnant un vallon que traverse le ruisseau de la Couse, elle va se jeter avec lui dans l'Allier, près d'Issoire.

Le bord inférieur du bassin forme une espèce de banquette horizontale qui, d'un côté, tient au rivage, et de l'autre s'avance de 4 à 5 mètres dans l'eau.

Cet espace est couvert de fragments de laves posés les uns auprès des autres, comme un pavé naturel.

Sous l'eau, le cratère n'a pas de talus, comme pourrait le faire croire sa pente extérieure; il s'enfonce perpendiculairement jusqu'à 96 mètres.

Sur ses bords on ne voit ni joncs, ni plantes aquatiques, ni bourbier, ni limon.

La limpidité des eaux est admirable : elles conservent toute leur beauté dans leur chute tant qu'elles coulent sur le penchant de la montagne; mais elles paraissent troubles dans leur jonction avec la Couse.

En hiver, cette eau gèle à une grande profondeur : on peut alors se promener sur l'abîme, et profiter de la circonstance pour exploiter les bois.

La détonation d'un coup de fusil, dans la circonférence du lac, produit un bruit qui dure plusieurs secondes, parce qu'il circule autour du bassin et revient à l'endroit d'où il est parti.

A 1,400 mètres de distance du lac Pavin, on voit

une autre curiosité du pays : c'est le Creux de Soucy, ancienne cheminée d'un volcan dont le fond est également rempli d'eau.

Dans le département de la Loire, que nous avons traversé pour nous rendre dans celui de la Drôme, nous avons visité la ville si industrieuse de Saint-Etienne, et les houillères qui l'entourent.

Le département de la Drôme, où commence l'ancienne province du Dauphiné, a quelques grottes et plusieurs cascades assez curieuses.

Parmi les grottes, j'ai dessiné celles de Pialoux, de la Chapelle en Vercors, et la grotte de Solore, près de Die.

La première a de remarquable sa voûte, haute de 38 mètres, et ses stalactites en forme de colonnes, qui s'élèvent jusqu'à 17 mètres; au centre s'ouvre une cavité qui donne accès dans des cavernes inférieures qui n'ont point encore été explorées.

Dans la grotte de la Chapelle, les stalagmites se trouvent en nombre considérable.

Celle de Solore forme une suite de galeries profondes d'où s'échappe, à certaines époques, un courant d'air considérable.

Quant aux cascades, c'est en se rapprochant du département des Hautes-Alpes que l'on trouve les plus remarquables, telle que la chute de la Dégoule, qui tombe de 34 mètres d'élévation perpendiculaire;

le Saut de la Truite, placé comme la première dans la montagne de Touleau, et qui a 26 mètres de hauteur.

On doit encore visiter le chaos produit par l'affaissement de la montagne de Beaumont, et connu sous le nom de Claps de Luc : c'est un entassement prodigieux de rochers de toutes formes, les uns couchés, les autres inclinés sur les premiers, entre lesquels passe la Drôme, qui s'irrite et jaillit en écumant pour surmonter ce monstrueux obstacle.

Une des merveilles qui nous ont fait le plus de plaisir, c'est la glacière naturelle de Fondeurle : c'est une grotte peu étendue, mais où l'on jouit d'un spectacle inattendu. En y entrant avec des torches, on se croit au milieu d'un salon de diamants, résidence de quelque fée bienfaisante; c'est un éclat que l'œil a peine à soutenir; la glace réfléchit la lumière en la décomposant comme un prisme, et en la faisant étinceler des couleurs de l'arc-en-ciel.

Le sol et la partie inférieure de cette grotte sont composés d'albâtre.

L'eau qui suinte par la voûte de la caverne, saisie par le froid qui règne intérieurement, se congèle et produit les splendides cristaux qui décorent ce lieu vraiment féerique.

Arrivés à Nions, à l'extrémité du département de la Drôme, le voisinage de Vaucluse et de sa fontaine nous a déterminés à sortir du Dauphiné pour y faire un pélerinage en l'honneur de Pétrarque.

Vaucluse est un simple village qui donne son nom à une vallée romantique et solitaire, rendue célèbre par les sonnets du poète italien, l'ami et le chantre de la belle Laure.

On arrive dans cette vallée en suivant les détours d'un défilé pittoresque; un rocher, haut de 33 mètres, sert de voûte à un gouffre d'où s'échappent les eaux limpides de la fontaine : elles se précipitent avec fracas, se brisent sur les rochers jusqu'à ce qu'elles parviennent sur un sol uni où elles entretiennent la verdure d'un frais gazon.

C'est en automne, ou après les pluies du printemps, que la fontaine de Vaucluse coule majestueuse et abondante : lorsque nous l'avons vue, ce n'était qu'un humble filet d'eau sortant d'une roche teinte d'un jaune d'ocre.

Nous sommes entrés sous la voûte de la fontaine de Vaucluse. La grotte a peu d'étendue, mais il est probable que derrière les roches qui donnent issue aux sources il se trouve de vastes cavités qui reçoivent les eaux du Mont-Ventoux, et alimentent la naïade de Vaucluse. La Sorgue, rivière qui se jette dans la Durance, doit avoir la même origine.

De Vaucluse, nous nous sommes rendus à Avignon, dont j'emprunterai le tableau à M. C. Famin.

AVIGNON.

De tous les fleuves qui fécondent le sol de la France, il n'en est pas de plus célèbre que le Rhône. Toujours majestueux, il coule entre des rives tantôt riantes et pittoresques, tantôt sombres et sauvages.

A peine descendu des glaciers alpestres, il a déjà acquis la rapidité du torrent, et rien ne saurait s'opposer à l'impétuosité de sa course.

Voyez-le se jeter dans le lac dont il trouble la paix profonde! ses ondes bouillonnantes ne se mêleront point aux eaux paisibles de ce vaste bassin....

Il en sort dans Genève même, et devant lui s'ouvre, peu après, une bouche béante où le noble fleuve se précipite en mugissant; il disparaît entièrement, mais il ne sera point englouti!

Le voilà qui renaît; il a déchiré les entrailles de la terre, il reparaît vainqueur, et désormais le soleil éclairera sa course jusqu'aux rivages de la Méditerranée.

C'est là que, rival superbe du Nil, il ouvre deux bras immenses et forme ce fameux *delta* connu sous le nom de Champ de Caïus Marius, *Caii Marii Ager*, dont la corruption a fait *Camargue*.

Cette île ressemble à une terre étrangère implantée sur le territoire français : là paissent des troupeaux sans pasteurs ; le cheval sauvage y bondit à l'aise sans frein et sans cavalier ; la grue voyageuse et le flamand rose baignent leurs longues jambes dans les eaux du fleuve, et l'industrieux castor lui-même y bâtit sa demeure.

De toutes parts, vers sa source comme à son embouchure, le Rhône est sillonné par des barques nombreuses chargées de riches marchandises que Lyon et Marseille échangent journellement, ou des vins exquis récoltés sur ses fertiles côtes.

Les bords du fleuve offrent une série de villages et de petits ports où le navigateur peut, au besoin, trouver un refuge, car les tempêtes ne sont point inconnues à ce roi des fleuves, et le vent du nord-est, le redoutable *mistral*, soulève maintes fois et fait mugir ses ondes comme celles de la mer.

C'est surtout à Avignon que ce vent terrible fait sentir toute sa violence ; il trouble cruellement alors la douceur si vantée de ce beau climat.

Le peuplier d'Italie, élancé et svelte, ploie comme un roseau, et les nombreux mûriers qui couvrent les plaines de Vaucluse secouent leurs larges têtes et jonchent le sol de leur précieux feuillage.

Avignon est le rendez-vous des navigateurs du fleuve, soit qu'ils descendent son cours, soit qu'ils le remontent, et cette ville est ainsi, en quelque sorte, le caravansérail du Rhône.

OBÉLISQUE DE LOUQSOR.

Qu'ils sont gracieux et pittoresques les environs de cette ville célèbre? Voyez cette ceinture de remparts crénelés, si minces, si fragiles; elle est l'œuvre d'un pape, et certes, quand l'histoire ne se serait pas chargée de nous l'apprendre, on le devinerait sans peine, car de pareilles fortifications ne sauraient appartenir qu'à une époque où les foudres de l'Eglise étaient plus puissantes que celles de la guerre.

Ces murs, qui servent aujourd'hui d'ornement à la ville, sont entourés eux-mêmes d'élégants boulevards, rendez-vous des oisifs, des bonnes d'enfants, et des convalescents attirés par l'air pur de ces lieux, par leur beauté pittoresque, et par la douce chaleur d'un soleil méridional.

Aux heures les plus chaudes de la journée, l'hôtel des Invalides, succursale du grand établissement de Paris, devient désert, et les boulevards extérieurs se peuplent de ces vénérables débris de nos armées.

Là, comme à Paris, on voit le vieux soldat aveugle, armé du bâton ferré, se guider dans sa promenade avec une merveilleuse dextérité; il s'arrête devant un banc de pierre, et prend place à côté d'un joyeux camarade à la jambe de bois, qui étale orgueilleusement sur sa poitrine le médaillon ovale où deux épées en sautoir brillent sur un champ de gueules, ou bien la croix de la Légion-d'Honneur.

A l'ouest de la ville le Rhône forme de nombreuses

îles, dont *la Bartelasse* est à la fois la plus grande et la plus fertile.

Sur sa pointe méridionale viennent se rencontrer deux ponts de bois, dont l'un appartient au département du Vaucluse, et l'autre à celui du Gard.

C'est par là qu'on se rend à Villeneuve-lès-Avignon, jadis forteresse avancée, d'où les rois de France tenaient en respect le territoire papal.

Un magnifique pont de pierre unissait autrefois les deux rives; mais depuis bien des années les eaux en ont renversé toute la partie qui tenait à la rive droite.

L'autre moitié de cette construction a bravé jusqu'ici les efforts de la tempête et la faulx du temps.

Ces ruines pittoresques, qui s'avancent jusque vers le milieu du fleuve, gênent beaucoup la navigation, et la rendent même assez périlleuse; mais le peuple respecte ces débris d'un ouvrage auquel la tradition assigne une origine miraculeuse.

Une légende avignonaise, fort accréditée parmi le peuple, prétend en effet qu'un jeune enfant vint à rêver que la vierge Marie lui ordonnait de construire un pont sur le Rhône.

Il était si jeune et si peu initié à l'art architectural que d'abord on se moqua de lui; mais, pour preuve de sa mission, il apporta quelques jours après un plan si merveilleusement conçu, que le peuple cria au miracle.

L'enfant ne se démentit pas, et dirigea les travaux, jusqu'à leur entier achèvement, avec une rare intelligence.

. . . .

. . . .

En traversant le département des Bouches-du-Rhône, nous avons visité Marseille; de là nous nous sommes apprêtés à revenir sur nos pas par les départements du Var, des Basses-Alpes, des Hautes-Alpes et de l'Isère.

Compagnon de voyage d'un marin, il a fallu voir Toulon, sa rade admirable, son port et ses arsenaux.

Deux jours ont aussi été consacrés aux îles d'Hyères, où l'oranger, le myrte, le citronnier et le grenadier se marient en pleine terre au bananier, au palmier et à plusieurs végétaux des contrées équatoriales.

C'est un vrai paradis que ces îles charmantes où l'hiver est inconnu.

Le terrain volcanique commence à reparaître dans le département du Var.

Plusieurs points de vue y sont très pittoresques; la vallée de Cabasse est singulièrement située au pied d'un roc qui la met à l'abri des intempéries de l'hiver.

On visite aussi avec intérêt quelques grottes, celle de Villecrosse, la grotte de Mons, espèce de labyrinthe traversé par sept galeries qui aboutissent à des salles où les stalactites prennent des formes inusitées : on en voit qui, suspendues à la voûte, ont pris d'énormes dimensions et semblent menacer d'écraser par leur chute le voyageur téméraire ; d'autres ont formé des loges soutenues par des colonnes torses ; ailleurs c'est une chapelle avec ses colonnettes et ses arceaux gothiques : les objets les plus imprévus dans ce souterrain enchanté viennent comme par magie frapper les regards. Mais de toutes les cavernes des environs, la plus célèbre est la Sainte-Baume, qui servit, disent les traditions du pays, de refuge à sainte Marie-Magdeleine.

Nous n'avons fait que traverser le département des Basses-Alpes, qui tire son nom de la chaîne de montagnes qui le séparent du Piémont.

Les Alpes commencent à Nice, sur le bord de la mer, et elles se dirigent du sud au nord jusqu'au Valais, où elles changent de direction pour se ramifier dans l'Europe orientale.

Le Mont-Blanc et le Mont-Rosa, hauts de 4,800 mètres, dominent la partie méridionale de la chaîne des Alpes.

A Colmars, distant de 2 myriamètres de la jolie ville de Barcelonnette, nous avons vu une fontaine intermittente qui coule et tarit huit fois dans l'espace d'une heure.

En sortant de la vallée de Barcelonnette, nous nous sommes rendus à Saint-Firmin-de-Valgodemard, dans une vallée du département des Hautes-Alpes; on y voit la cascade de Combe-Froide qui a une chute de 40 mètres.

Le village des Andrieux mérite aussi d'y attirer l'attention par sa position singulière au fond d'une sorte de puits formé par des rochers tellement élevés que, pendant les trois mois d'hiver, le soleil ne peut y être aperçu.

La surface du département des Hautes-Alpes est entièrement hérissée de montagnes et creusée de profondes vallées; les cascades, les grottes, les réservoirs souterrains, y sont par conséquent très nombreux.

Près de Malemort est une des principales cavernes; elle présente cette circonstance particulière que, après que le vent d'est a soufflé pendant plusieurs jours, la grotte retentit de mugissements souterrains, suivis d'une éruption d'eau tellement considérable qu'un véritable fleuve en sort impétueusement en remplissant l'ouverture jusqu'à la voûte.

Le Mont-Viso est un des points les plus élevés de ce département : sa hauteur est de 4,220 mètres; il est traversé par un passage souterrain qui conduit de France en Italie, et qui termine, par une galerie de 70 mètres de longueur, un défilé qui s'élève jusqu'à 3,039 mètres.

De l'ouverture de cette galerie on aperçoit avec étonnement tout le nord de l'Italie, depuis le Piémont jusque dans le voisinage de Venise : ce coup d'œil seul dédommage des fatigues d'un long voyage.

La route qui conduit du département des Hautes-Alpes à celui de l'Isère est une des plus pittoresques qui existent : on ne quitte pas l'admirable vallée du Drac jusqu'à Grenoble, et, comme dans tous les pays de montagnes, on rencontre à chaque pas des chutes d'eau dans ce département. Cependant celles que j'ai vues ne sont pas aussi belles que les cascades des Pyrénées : les montagnes, quoique fort hautes, ne sont pas non plus aussi accidentées que celles de la chaîne Gallo-Ibérique.

Les chutes les plus belles, dans les Alpes de l'Isère, sont celles de la Combe-Madame, de Maupas, de Sarennes, du Furon, du pont Morand; mais aucune d'elles n'a plus de 20 mètres de hauteur.

Le site le plus remarquable de ce département, et sans contredit de tout le Dauphiné, est le désert de la Grande-Chartreuse, dans lequel on ne peut pénétrer qu'en traversant des ravins, des forêts d'arbres verts, des défilés, et même le lit d'un torrent qui est, pendant une distance de plusieurs mètres, le seul chemin accessible.

Le désert est entouré d'immenses sapins dont la

cime s'élève à plus de 34 mètres, de rochers arides, de torrents écumeux : en hiver il est inaccessible.

Au milieu s'élève le monastère de la Chartreuse, vaste cloître habité par des religieux qui suivent la règle de saint Bruno, leur fondateur.

Les environs de la Chartreuse sont embellis par d'admirables vallées, dont la principale, celle du Graisivaudan, est au-dessus de toute description.

Ce n'est qu'après avoir parcouru les beaux sites du département de l'Isère que nous sommes venus prendre, pour quelques jours, nos quartiers à Grenoble ; notre repos y a cependant été interrompu par de petites excursions.

Dans l'une d'elles nous avons visité la fontaine ardente, à un myriamètre au sud de la ville : c'est tout simplement une source dont les eaux exhalent du gaz hydrogène que le contact d'un flambeau allume facilement ; alors toute la couche de gaz qui repose sur l'eau s'enflamme, et la source semble rejeter du feu au lieu d'eau ; cette combustion dure quelques secondes, mais peut se renouveler assez promptement.

A peu près à la même distance, à l'ouest de Grenoble, nous avons fait une agréable promenade jusqu'à la grotte de Sassenage.

On y arrive en suivant les bords du Furon, qui serpente bruyamment au milieu d'une gorge étroite bordée de rochers très hauts, et qui se termine par un passage qui, s'il était sur le bord de la mer, représenterait assez bien le fameux Pas des Thermopyles; c'est un rocher qui se trouve en travers du défilé, et ne laisse qu'une ouverture assez étroite.

Malgré toute la bonne volonté que j'y mettais, je n'ai pu voir dans ce rocher rien qui ressemblât à un portique, quoique les habitants de Grenoble m'en eussent presque fait une merveille architecturale : c'est donc tout bonnement une roche dégradée par le temps, et composée d'assises horizontales dont je n'ai pu bien déterminer la nature.

Dans cette roche même se trouve la grotte : on y arrive par un sentier très difficile qui longe une cascade, celle du Germe.

L'intérieur de la grotte n'est que l'aqueduc d'un réservoir souterrain : l'eau y coule dans deux galeries auxquelles aboutissent plusieurs petites salles.

Dans l'une d'elles on nous fit voir deux excavations creusées dans le roc, que l'on dit être les fameuses cuves où la fée Mélusine se baignait.

Comme j'ignorais ce que c'était que cette fée, le paysan qui nous conduisait nous débita sur son compte les légendes les plus baroques imaginables. Au reste j'en appris davantage à notre retour à Sassenage : tout ce que je compris de l'histoire de ce brave homme, c'est que ces cuves prophétisent chaque année l'abondance ou la pauvreté des récoltes.

Notre guide n'était pas émerveillé de notre incrédulité. Dans l'intention de nous convaincre, il nous fit voir, à quelque distance, trois roches pyramidales qu'il prétendit être les dents de Gargantua.

Il se scandalisa beaucoup du grand éclat de rire qu'il me fut impossible de retenir, et me dit que, puisque je ne voulais rien croire, je n'avais qu'à demander le livre du père Charpin, qui avait été écrit par Mélusine elle-même.

Je n'y manquai pas, j'étais curieux de voir l'écriture d'une fée : c'est un autographe comme n'en possède aucun des amateurs de Paris.

Le père Charpin est un petit homme qui a de la prétention au savoir; on le respecte comme un oracle dans Sassenage à cause de son fameux livre, que du reste il est incapable de lire.

A ma requête, il nous l'apporta en gardant un sérieux comique, me disant très gravement que je n'y comprendrais rien, parce qu'il était écrit dans le langage des fées.

J'ouvris ce mystérieux livre, que son propriétaire garde à triple serrure, et, à ma grande surprise, je vis un beau manuscrit du quatorzième siècle, écrit sur vélin, et orné de magnifiques miniatures.

Mon homme jouissait de mon étonnement; mais j'eus ma revanche quand il vit que je lisais assez couramment son prétendu grimoire. Il me considérait avec autant de vénération que son précieux bouquin lui-même, et j'eus peur pour un moment qu'il ne voulût me renfermer avec lui dans le coffre.

Mon oncle proposa d'acheter le manuscrit; mais il n'y eut pas moyen de déterminer mon père Charpin à le vendre.

Il regarda l'auteur de la proposition avec défiance, et cria presque au sacrilége.

Tout ce que nous pûmes obtenir fut de le copier; je ne sais qui en est l'auteur, car le manuscrit ne porte aucun nom.

Ici, à Lyon, j'ai fait des recherches dans la bibliothèque de la ville, où l'on m'a montré une chronique de Mélusine, in-4°, imprimée à Lyon, en 1500 : elle est de Jehan d'Arras, à qui le duc de Berry, fils du roi de France Jean, la commanda pour amuser sa sœur Marie, duchesse de Bar.

Mais la chronique de Jehan d'Arras diffère beaucoup de celle de Sassenage, qui paraît plus ancienne, et qui ne place pas les faits à la même époque.

De Grenoble nous sommes venus à Lyon, d'où nous allons nous diriger sur la Bretagne, c'est-à-dire traverser la France dans sa plus grande largeur, trajet dont nous ferons en poste la plus grande partie.

Je ne t'ai pas parlé des prétendues merveilles du

Dauphiné, qui n'ont rien de merveilleux, ni de la fameuse grotte de Notre-Dame-de-la-Balme, que nous visitâmes sur la route de Lyon; elle renferme d'adorables stalactites. Mais je t'en ai déjà tant dit qu'il n'y aurait rien de neuf à t'apprendre sur ce sujet.

Adieu.

XIV

DE LYON A QUIMPER.
ASPECT DE L'OCÉAN. — ROCHERS DE PENMARCK.
LE TROU DU DIABLE.
LA GROTTE DE MORGANE. — SAUMUR. — ENVIRONS DE SAUMUR
NANTES.
MORLAIX. — BREST.

Charles à Robert.

Brest, 3 novembre 1840.

Que de temps écoulé, mon cher Robert, depuis que je t'ai adressé de Lyon ma dernière lettre ! Ce long silence me coûte beaucoup ; tu l'excuseras cependant : je n'ai eu à disposer que d'un si petit nombre d'instants !

Comme je te le marquais dans ma dernière lettre, nous avons traversé toute la France, mais moins vite que je ne le pensais.

Je suis très fatigué de ma longue excursion; et mon oncle, qui s'en est aperçu, a ralenti la rapidité de notre marche. Il a même voulu que nous nous arrêtions un jour entier dans les chefs-lieux de département, sous le prétexte de visiter leurs monuments ou les fabriques les plus importantes, mais en réalité pour que je pusse me reposer un peu.

Cependant ne crois pas que ce repos consistait à m'enfoncer une partie de la journée dans une molle bergère; mon activité ne saurait s'accommoder d'une semblable immobilité.

Nous reposer, c'était parcourir la ville et tout voir; mais ce qui serait fatigue pour la plupart des voyageurs était repos pour des hommes habitués, depuis plusieurs mois, à gravir tantôt les Pyrénées, tantôt les monts d'Auvergne, tantôt les Cévennes et les Alpes.

Que de choses je pourrais donc décrire, observées dans ce trajet de Lyon à Brest! Mais comme elles appartiennent à un autre ordre d'observations, je ne t'en dirai rien aujourd'hui, sauf à te communiquer plus tard, si tu le désires, le journal de cette seconde partie de mon voyage.

De Lyon à Quimper, je n'ai pas eu la moindre curiosité naturelle à noter; mais je te ferai la description de quatre villes dans lesquelles j'ai dû séjourner : Saumur, Nantes, Morlaix et Brest.

Nous avons vu de magnifiques paysages, de riches

contrées, mais rien d'imposant, rien de grandiose; des beautés calmes et simples.

La richesse du sol, l'abondance des produits, compensent bien avantageusement ce qui manque sous le rapport de la grandeur et de la majesté sauvage des scènes de la nature.

En Bretagne, c'est sous un autre aspect que se montrent les beautés de la création. L'Océan et ses rivages, voilà ce qu'il y a d'admirable ici.

Sans ses côtes, quel triste pays serait la Bretagne!

Un sol de granit, ne produisant pour ainsi dire que des sapins, des ajoncs et des bruyères, un ciel brumeux et sombre; mais en dédommagement une mer dont les rivages opposés sont l'Afrique et l'Amérique, un abîme entre deux mondes devenu, par l'industrie humaine, une magnifique voie de commerce, une route que parcourent aujourd'hui, en quelques soleils, les rapides navires à vapeur.

Ce qu'il faut voir dans le département du Finistère, ce sont les rochers de Penmarck, un jour de tempête, quand l'Océan furieux roule des vagues de 30 mètres de hauteur, qui s'avancent en mugissant et se brisent avec un fracas effroyable contre cette immuable barrière de granit, que tous leurs efforts, réunis à ceux des siècles, n'ont pu encore entamer.

Il faut les voir lorsque les vents déchaînés amoncellent des nuées noires et obscures que sillonne l'éclair, que déchire la foudre, qui lancent le feu du ciel sur les rocs contre lesquels les flots redoublent leur rage impuissante.

L'âme est épouvantée et comme anéantie devant l'imposante grandeur d'un pareil spectacle.

Le bruit de l'Océan courroucé, lors de ces convulsions terribles de la nature, est si grand qu'on l'entend de Quimper, éloigné de près de 3 myriamètres.

Les rochers de Penmarck forment, à l'extrémité méridionale de la baie d'Audierne, une pointe qui s'avance au loin dans la mer.

Près de là se trouve l'Enfer de Plogoff, gouffre horrible où la mer s'engoutit avec un bruit épouvantable au milieu de rochers de granit d'un rouge de sang, sur lesquels bondissent des masses d'un blanc de neige.

C'est à peine si la vue peut soutenir l'horreur de ce tableau, quand, placé sur l'extrémité du cap Ralz, rocher élevé de 166 mètres, on voit l'Océan se briser dans le gouffre au pied même du rocher.

Dans l'enfoncement de la baie de Douarnenez, au nord de celle d'Audierne, sont les grottes de Crozon, au nombre de près de quarante. Les principales sont la grotte et la caverne de Morgane.

La première est une excavation d'environ 20 mètres

de profondeur, que la mer laisse entièrement à sec lorsqu'elle se retire.

On y entre par deux arcades naturelles taillées dans le roc avec une élégance et une hardiesse admirables ; elles ont au centre de l'arc 10 mètres d'élévation ; l'intérieur est assez large pour contenir au moins quatre-vingts personnes.

Le Trou du Diable est d'une forme plus bizarre : représente-toi un large fourneau taillé au milieu d'un bloc de rochers, sous un promontoire, avec deux entrées en arcades qui permettent de pénétrer dans l'intérieur, et au milieu de la voûte supérieure une longue cheminée montant jusqu'au haut du promontoire.

Lorsqu'on est entré par une des arcades, on voit au-dessus de soi cette déchirure de rocher en forme de tuyau, à travers laquelle brille un lambeau du ciel, et où se penche parfois la tête d'un pâtre curieux qui garde ses chèvres sur le coteau.

Le vent s'engouffre dans cette cheminée avec un cri plaintif, et les oiseaux de mer viennent y construire leurs nids.

Quant à la grotte de Morgane, tout en elle est prodigieux et admirable ; on y pénètre en bateau par une ouverture assez étroite ; mais à peine l'ouverture franchie, la voûte s'élève à une grande hauteur.

Au premier instant on se trouve dans une demi-obscurité; on distingue à peine les objets, et l'on écoute avec frayeur le retentissement de la vague qui se brise.

Peu à peu l'œil s'habitue au demi-jour : bientôt la grotte apparaît jaspée des nuances étincelantes des pierres précieuses; les jeux de la lumière sont d'un effet que la parole ne saurait rendre.

De larges marbrures d'un vert d'émeraude partent du centre de la voûte, et se fondent sur les parois dans des teintes de rose, de blanc, de lilas et de gris perlé; de loin en loin de larges traînées d'un rouge brillant semblent s'échapper de la roche.

Au milieu de la grotte s'élève un énorme bloc de granit que l'on appelle l'autel; au fond s'ouvre une étroite ouverture, entrée d'une seconde grotte dont la profondeur est inconnue.

Près de Brest, on montre le puits de Plougastel, qui offre cette particularité que ses eaux baissent quand la marée monte, et reprennent leur niveau quand elle descend; phénomène dont l'explication est encore à donner.

Nous n'avons pas manqué de visiter les mines de plomb de Poullaouen et d'Huelgoat. Le minerai y contient de l'argent, et même de l'or. J'ai recueilli de beaux échantillons de toutes les variétés du minerai; elles se montent à quarante-deux; notre collection s'en enrichira.

Cette lettre, mon cher Robert, est la dernière que je dois écrire. Dans huit jours je serai à Paris, près de toi, au sein de ma famille, et nous nous raconterons les particularités de nos voyages.

De ma fenêtre je vois le vaisseau *le Centaure*, dont mon oncle prend le commandement. Hier il est sorti en rade; au premier signal il doit mettre à la voile; ce sera dans trois jours au plus tard.

Je me séparerai avec bien du regret de cet excellent oncle qui a été pour moi, pendant notre voyage, le père le plus tendre.....

Adieu.

P. S. Voici la description que je t'ai promise :

SAUMUR ET SES ENVIRONS.

Saumur existait depuis plus de 800 ans, et cette ville n'avait encore de ponts ni sur la Vienne, ni sur la Loire.

Depuis la réunion de son territoire au comté d'Anjou, ses habitants avaient formé de plus grandes liaisons avec ceux de la rive droite de la Loire, qui appartenaient au même prince.

Les inondations qui survenaient en toutes saisons,

et les glaces en hiver, interrompaient toutes les relations d'affaires; elles étaient entravées encore par un droit féodal qui rendait les moines de Saint-Florent propriétaires du passage des rivières du Thouet, de la Vienne et de la Loire.

C'est dans leurs bacs, devant leur abbaye, à un quart de lieue au-dessous de la ville, qu'il fallait aller chercher un passage en payant un droit fort onéreux.

Vers l'an 1161, les rapports entre les habitants des deux rives allant toujours croissant, les Saumurois osèrent braver l'autorité des moines. A l'aide d'emprunts faits à Tours, ils jetèrent vis-à-vis la ville, malgré l'opposition de l'abbé de Saint-Florent, des ponts de bois sur la Vienne et la Loire.

Peu après, Henri II se rendit à Saumur; ce prince, en recevant les clefs de la ville, témoigna sa satisfaction aux magistrats à la vue de ce grand ouvrage qui devait multiplier les rapports entre ses sujets de la Guienne et du Poitou, de l'Anjou et du Maine.

Ce suffrage du prince transporta de joie les magistrats et le peuple; mais le monarque était à peine entré au château que Froger, abbé de Saint-Florent, lui demanda une audience.

Il représenta au roi que les ponts qui venaient d'être bâtis par les Saumurois étaient préjudiciables aux intérêts de son abbaye; que Foulques Nerra, comte d'Anjou, en la faisant transporter du château sur les bords du Thouet, avait ajouté aux biens dont il l'avait dotée le droit du passage à perpétuité sur les trois rivières, avec péage au profit de l'abbaye.

Cette affaire importante fixa toute l'attention du roi. Il assembla ses barons, et, après les avoir consultés, il reconnut que la réclamation des moines était fondée.

Mais, au lieu d'ordonner la démolition des ponts, comme ceux-ci le demandaient, il les leur donna en toute propriété, en les autorisant à percevoir de tous ceux qui passeraient dessus les mêmes droits de péage qu'ils exigeaient pour passer dans leurs bateaux.

En même temps ce prince mit à cette donation les conditions suivantes : il obligea les moines à rembourser à la ville toutes les sommes qu'elle avait fournies ou empruntées pour faire construire ces ponts.

Il les chargea en outre de bâtir, tous les ans, à leurs frais, une arche en pierre pour remplacer peu à peu les ponts de bois.

De plus, il affranchit à perpétuité du droit de péage tous les habitants de Saumur.

Les moines, fort mécontents de l'ordonnance du monarque, furent cependant, bon gré, mal gré, obligés de s'y soumettre.

Ces ponts traversaient la Vienne et la Loire, depuis la porte de la Tonnelle jusqu'à la Croix-Verte.

Ils étaient séparés, dans la Vienne, par l'île de la Saunerie, depuis nommée le Parc, et, dans la Loire, par les pointes des îles d'Or, de Trois-Maisons et de l'île Neuve.

Ces ponts, plus tard construits en pierre, furent défendus par un château, *la Bastille*, placé entre deux ponts-levis, sur la troisième arche, en entrant du côté de la Croix-Verte. On voit encore les ruines de ce fort.

Mais ces ponts furent, à diverses époques, ruinés par les glaces et les inondations.

En 1752, deux arches de l'un de ceux jetés sur la Loire s'écroulèrent.

En ce temps, la Loire, devant Saumur, se partageait en six bras, sur lesquels il y avait autant de ponts, tous dans un état de ruine imminent.

On projeta de réduire ces six ponts à deux.

Le gouvernement adopta ce magnifique projet, et M. de Cessart fut chargé, sous la direction de M. de Voglie, de commencer par celui des ponts qui devait être placé sur l'ancien lit de la Vienne.

L'exécution de ce pont, composé de douze arches, offrit les plus grandes difficultés. En effet, le lit de la Loire, composé de sable fin et de couches de gravier depuis 3 jusqu'à 8 mètres et demi au-dessous des plus basses eaux, présentait un sol sur lequel il était bien difficile d'obtenir toute la solidité convenable pour soutenir, pendant une longue suite de siècles, un poids de six cent millions de livres.

Le génie créateur du célèbre Cessart triompha de tous les obstacles,

En 1766, M. de Cessart fut remplacé dans la direction des travaux par M. le Creulx, mort en 1812. C'est ce dernier qui a terminé, en 1770, tous les travaux de ce superbe monument, dont la dépense s'est élevée à 1,700,000 francs.

Ce pont, fondé dans l'eau, par un moyen encore ignoré en France, celui des *caissons*, peut être considéré comme un chef-d'œuvre.

Le pont Fouchart mérite bien aussi une mention particulière; on le compare, pour l'élégance, à ceux de Neuilly et de Saint-Maxence, construits par M. Perronnet.

Les environs de Saümur et la *levée*, cette grande et belle digue qui borde la Loire depuis les environs d'Orléans jusqu'aux portes d'Angers, l'un des plus étonnants monuments qui existent en Europe, sont encore pour le voyageur un juste objet d'admiration.

. . . .

. . . .

NANTES.

On ne doit pas s'attendre à trouver ici un tableau approfondi de l'histoire de notre ville et des recherches étymologiques pour savoir si réellement son nom vient du celte Nant, *eau courante,* mot qui, au reste, serait assez applicable.

Des hommes spéciaux, et que le flot des affaires n'a pas emportés loin de la terre natale, ont, dans des ouvrages plus ou moins récents, raconté les annales, les accroissements de la cité, en face des monuments de son enfance, de son adolescence et du florissant âge viril auquel elle est parvenue.

Ce bonheur m'a manqué, et me voici réduit, pour m'acquitter quelque peu dignement de la tâche que je me suis avec plaisir imposée, à ranimer mes souvenirs d'il y a quinze ans, en tenant à la fois les yeux constamment attachés à cette peinture qui me rappelle le pays, et le regard de l'esprit fixé sans cesse sur ce qui est resté dans ma mémoire.

Depuis quinze ans, je le sais, la ville s'est embellie de jour en jour, et les navigateurs ont peine à reconnaître certains quartiers au retour d'un voyage autour du monde.

J'aurais vu percer ces nouvelles rues, s'élever ces élégants hôtels sur le cours, le boulevard, et ce qui fut autrefois l'ombreux Loquidic, que je ne pourrais mieux faire que de le dire, comme ici, en quelques lignes.

Ce n'est point un plan que j'ai à tracer.

L'art qui a représenté la ville à nos yeux ne veut, pour le seconder, que l'art sous une autre forme : un interprète, la voix, la parole.

J'étais à Nantes en 1819, à l'époque de la Fête-Dieu.

Le jour de la pompeuse procession que j'avais tant admirée de mes yeux d'enfant venait de commencer radieux et plein du luxe de juin.

J'entrai dans Saint-Pierre, la cathédrale. Tout y était mouvement, clarté, encens et fleurs : la messe allait commencer.

Appuyé à un des piliers de la nef, sous l'orgue qui déjà préludait, je me laissais aller aux lointaines réminiscences de cette vieille église, et je comparais à la simplicité actuelle le luxe merveilleux dont elle resplendissait en 555, quand saint Félix en était évêque.

Ce n'était alors que tableaux précieux, mosaïques, couronnes d'or et vases d'argent sur les autels.

Il y avait au milieu du sanctuaire deux colonnes de marbre : sur l'une était un Christ d'argent massif, ceint d'une tunique d'or chargée de pierres précieuses, et attaché par une chaîne d'argent à la principale voûte, comme s'il descendait du ciel; sur l'autre colonne étincelait un énorme rubis qui, pendant la nuit, éclairait l'église.

Ebloui par cette splendeur, d'un coup d'œil je franchissais trois siècles en retour vers le nôtre, et la cathédrale n'était plus que pillage, carnage et désolation. Le saint évêque Gohard et son clergé massacrés dans leurs stalles, les reliques profanées, le pavé de mosaïque teint de sang, la première irruption des Normands, en 843.

Nantes fut malheureuse entre toutes les villes par les hommes du Nord.

Ils l'étreignirent, la foulèrent aux pieds, la ravagèrent pendant près d'un siècle, jusqu'au jour où le duc Alain Barbetorte les défit dans la prairie de Mauves, et ensuite entra triomphant dans la ville.

Sa première pensée fut d'aller rendre grâces à Dieu; mais, arrivé au portail, il le trouva encombré d'épines et de ronces, et ce n'est qu'en faisant encore une fois usage de son épée qu'il put parvenir jusqu'à cet autel, dépouillé alors, pauvre, nu, mais saint toujours : Dieu ne l'avait pas abandonné dans sa misère.

Cinquante ans après, le comte Guerech fit rebâtir en entier la cathédrale; en 1434 enfin, le duc Jean V en reconstruisit la nef; mais le chœur de l'ancienne église resta.

Le chœur, qui est le saint des saints, l'âme du temple, survécut au corps qui tombait. L'âme, comme dans la métempsycose, passa à un nouveau corps, une nef nouvelle.

M'abandonnant à ces ressouvenirs, je marchais vers le chœur, et j'admirais dans la première salle de la sacristie le tombeau de notre duc François II et de Marguerite de Foix.

L'encens fumait déjà, l'orgue modulait; ces images du passé m'avaient ému, et je me rappelais, en face de ce magnifique sépulcre, les vers qu'ils ont inspirés à un poète :

.... Deux figures de marbre, aux têtes couronnées,
D'un long manteau ducal encore environnées,
Et dont les roides mains semblent toujours prier.
Mais, ployant sous leur front, prendrai-je l'oreiller
Où la plume déborde et va gonfler la pierre
Que deux anges gardiens, sortis d'un sanctuaire,
Soutiendront, l'œil baissé, jusques au jugement?
Aux pieds du vaillant Duc rampe un lion dormant,
Dont l'ongle est appuyé sur l'écu de Bretagne.
Vois à gauche; aux genoux de sa noble compagne,
Symbole de constance, est un blanc lévrier,
Le front tombant : il dort : Sur son large collier
Est l'hermine bretonne et sa devise pure :
Bretons, hardis Bretons, *plutôt mort que souillure!*

> Les apôtres du Christ, les trois saintes Vertus,
> Les entourent debout, et les yeux abattus :
> Mais que par les vitraux des lueurs échappées
> Errent en vacillant sur ces têtes groupées.

En ce même moment, de magnifiques reflets frappaient ces figures, quand l'église retentit comme d'une grande rafale sonore.

Le bourdon était en volée; la procession allait sortir.

Tout-à-coup le désir me prit de la voir du haut d'une des tours qui se dressent sur le portail. J'y montai vite, comme attiré par la cloche qui rugissait en haut, et poussé par l'orgue qui tonnait au-dessous de moi.

J'eus une sorte de vertige en passant près de la cage où le bourdon se balançait en hurlant.

C'était comme un tremblement de terre qui me soulevait.

J'arrivai à la plate-forme au moment où la procession sortait et descendait vers la Grande-Rue, couverte en partie, d'une maison à l'autre, avec des voiles de navire, hier peut-être battues et torturées par la tempête, aujourd'hui protégeant le saint cortége contre l'ardeur du soleil.

Je ne voulais point suivre pas à pas la procession,

mais bien la voir, de temps à autre, paraître, se cacher, se montrer encore dans les intervalles de ces tentures.

Je tournai alors les yeux sur la verte prairie qui s'étend au midi de la cathédrale, la Prée de Mauves, où la Loire coule si belle et laisse un sable si fin sur ses bords; à l'horizon ce sont les coteaux de Saint-Sébastien, dont l'opulente verdure est semée de blanches maisons de campagne.

Quels sentiers parfumés d'aubépine, et que j'aurais voulu y errer alors!

La voix du bourdon qui roulait sous mes pieds me serait arrivée si solennelle, si grave, dans ces chemins ombreux.

Mes yeux, en revenant vers l'église, passaient sur le vieux château, noirci par les ans.

Il a été agrandi et réparé à diverses époques par Conan, Guy de Thouars, François II, et le duc de Mercœur.

En 1670, un incendie en consuma une partie, que l'on reconstruisit à la mode du temps, à la moderne; enfin, en 1800, une des tours, qui contenait une grande quantité de poudre, sauta, et l'explosion porta sur le cours de Saint-Pierre un énorme bloc de granit.

Que me faisaient toutes ces vicissitudes?

Je ne voulais voir que le château d'Alain, le vainqueur des Normands, le château de Sainte-Hermine.

Les chants, apportés jusqu'à moi par un coup de vent, me rappelèrent la procession.

Je ne la voyais point, elle passait alors sous les voiles ; mais j'entendais les hymnes, et tour à tour la musique et les tambours qui battaient aux champs.

Je regrettais de ne pas être en bas, dans la rue voilée, pour voir les feuilles de roses voler dans ce demi-jour délicieux du soleil, traversant, pour descendre sur la rue jonchée de fenouil, les voiles épaisses des vaisseaux.

La procession commençait à déboucher et à s'épanouir sur la place du Pilori ; mais où étaient les immenses cierges d'honneur qui excitaient la pieuse émulation de chaque corps de métier ? où était la confrérie de *Messieurs du Sang-Glorieux ?*

Du haut de la tour, il était impossible de voir les détails ; mais cette masse dans la rue, aux balcons, tombant agenouillée comme un seul homme, était imposante et belle.

Après une longue station au reposoir, pour lequel chaque voisin s'était fait un devoir et un bonheur de prêter ce qu'il avait de plus précieux dans son ménage, le cortége poursuivit sa route par la Basse-Grande-Rue : je le quittai à la hauteur de la pittoresque

rue de la Poissonnerie, avec ses maisons de bois qui se rejoignent par le haut, faisant une espèce de voûte sous laquelle les passants marchent dans le crépuscule, par le plus beau jour, à travers une atmosphère de brai, de résine, de goudron et de poisson sec.

Ce reste de la vieille ville disparaît de jour en jour.

Arrivé au bout de la rue de la Poissonnerie, mon regard s'arrêta sur le sombre château du Bouffai, qui bientôt aussi tombera.

Il fut autrefois le séjour des ducs de Bretagne et des comtes de Nantes.

A présent l'on n'y entre que pour juger ou être jugé, et il est des jours où un homme descend ses vieilles marches, pâle et chancelant : il va monter à l'échafaud qui est sur la place, et ce sont les jours de marché!

Il y a au Bouffai une horloge à carillon, dont la grosse cloche, qui pèse seize milliers, a une saisissante ressemblance avec la cloche de la Grève.

Au-delà, la vue peut se prolonger sur une route de plus de trois quarts de lieue, suspendue sur la Loire : ce sont les ponts plus d'une fois emportés par les glaces.

Au bout de cette longue levée, qui court sur plusieurs bras de la Loire, est le débris d'une vieille tour, la tour de Pirmil, construite par Paul Bouchard, amiral de Bretagne, pour protéger Nantes du côté du Poitou.

Les chants de la procession vinrent me distraire encore des souvenirs du passé.

Elle arrivait alors sur les quais, près de la Bourse, élégant édifice, construit d'après les dessins de Crucy.

La promenade, plantée dans la première année de ce siècle, sert de marché aux fleurs, les dimanches et jours de fête.

C'est alors un délicieux jardin rempli de fleurs de toutes les parties du monde, car les fleuristes nantais sont habiles.

Ainsi, à la Bourse de Nantes, on traite de toutes affaires : de boucauts de café et de magnolias, de négriers et de fleurs, de carcans d'esclaves et de roses-noisette.

Les fleurs descendaient en nuages des maisons tapissées de la Fosse; et sur les hauts arbres qui bordent la Loire, dont tous les bras se sont alors réunis en un fleuve imposant, étaient entassés les matelots et enfants de la ville.

C'est une magnifique promenade que la Fosse, par un beau soir, quand le soleil couchant disparaît à travers la forêt de mâts et de cordages qui s'élève sur la Loire.

A la beauté positive et matérielle du spectacle du fleuve, disparaissant sous tant de navires en foule, se joint une exquise beauté morale, la pensée que ces bâtiments ont vu tous les coins du globe, que celui-ci a vogué dans les parfums de la Sonde, celui-là dans les glaces de l'Islande, cet autre dans l'archipel embaumé de la Grèce, ou sur les mers brûlantes des tropiques, et qu'ils ont lutté dans les tempêtes des Hébrides, ou dans les ouragans des Antilles.

Que de fortunes, de hasards, de bonheur, d'angoisses ! C'est le sort visible qu'un vaisseau ; c'est le destin, le hasard !

Et du haut de la tour je regardais une grande barque de Montoire, avec sa voile latine couleur de brique, se détachant sur le ciel bleu, quand mes yeux cherchèrent encore la procession, et mes regards, en errant, se posaient sur l'île de Trentemoûlt et sur les chantiers où se préparent tant de craintes, tant d'espérances, tant de navires que l'on va livrer à l'Océan.

Un coup de vent plus fort me rapporta les chants de la procession : elle était actuellement près de Saint-Similien, et un souvenir m'apparut tout-à-coup.

C'était en 453 ; les Huns, commandés par Marcil-Chillon, tenaient la ville étroitement assiégée.

Elle mourait de faim et de soif ; elle allait se

rendre, quand une procession miraculeuse se mit en marche, à minuit, venant de l'église de SS. Donatien et Rogatien, nos jeunes martyrs, *les enfants nantais*, à la rencontre d'une autre procession, miraculeuse aussi, qui venait de Saint-Similien.

Ces deux cortéges d'esprits bienheureux se joignirent au bas du cours Saint-André, que je voyais alors à mes pieds; ils tombèrent tous à genoux, et dirent de divines prières.

Les Huns, campés sur le Marchix, voyant ce merveilleux spectacle, furent émus, saisis de respect; ils tombèrent à genoux aussi, et la ville fut sauvée.

Après une réminiscence aussi poétiquement belle, comment aurais-je pu admirer l'ancienne Cour des Comptes, qui aujourd'hui est l'hôtel de la Préfecture?

J'aimais mieux tourner ma vue vers cette chaussée de Barbin, où j'avais tant joué sur l'herbe quand j'étais enfant, où j'avais si souvent risqué de tomber dans cette eau noire et dormante de l'Erdre, pour cueillir les *macres* ou châtaignes d'eau *(trapa natans)* qui la bordent, où plus d'une fois j'avais frémi à l'aspect des ruines du château de *Barbe-Bleue*, le fameux Gilles de Retz, qui fut brûlé sur les ponts en expiation de crimes de si horrible nature que la procédure qui les détaillé était conservée avec soin, pour être soustraite à tous.

Dans ces débris désolés rampent l'aspic, la vipère et toutes les bêtes venimeuses.

C'est pourtant un beau lac que cette Erdre qui baignait le château du monstre!

Dans un cours de six lieues, si l'on peut donner un cours à cette rivière, paisible tombeau de vastes forêts qu'elle a englouties, l'Erdre va se rétrécissant, s'élargissant, se serrant, se déroulant encore entre des rives verdoyantes ou dans de profondes baies boisées : c'est le Rhin en petit.

Et la procession passait devant le faubourg Saint-Clément, où Donatien et Rogatien témoignèrent pour la foi, dans le troisième siècle de l'Eglise.

Déjà les bannières aux saints d'or et d'argent flottaient sur la place : quelle magnifique vue doit-on avoir du haut de la statue cannelée qui s'élève entre les deux cours, bornés l'un par l'Erdre qui va lentement à la Loire, l'autre par la Loire qui roule avec majesté avec l'Océan!

Le dais, richement garni de blancs panaches et de crépines d'or, s'avançait; la foule était agenouillée sur la place et sur les deux cours; le cortége avait déjà mis le pied sur le seuil de la cathédrale : le bourdon redoubla, les autres cloches se mirent en volée, l'orgue tonna, et je descendis.

. . . .
. . . .

Ernest FOUINET.

MORLAIX.

L'étrange cité que Morlaix, en Basse-Bretagne!

C'était, en 1599, un cloaque immonde que la peste agitait au moins une fois par lustre, un amas de maisons puantes, encaissées, perdues dans une sorte de citerne; et pourtant elle était vantée au loin, opulente; ses bourgeois voyageaient, hautains et fiers comme des marchands de Gênes, et son nom retentissait en Hollande, en Espagne et dans la France entière.....

Eh bien! aujourd'hui, la ville est large, saine, blanche; elle n'a plus de ceinture de pierre, de noir château qui la pressent; libre et joyeuse, elle s'allonge sur les vastes coteaux de ses vallons, jetant chaque jour au vent un lambeau de son antique parure, à la mer une brique de ses vieux bastions; elle se fait belle, se coiffe, se farde, se lave, se bichonne enfin, et nul n'en parle. Pauvre Morlaix !

Figurez-vous un triangle. A sa base est une immense forteresse due à la truelle romaine, une forteresse qui déjà, sous le roi Grallon, était lézardée et croulante.

Aux parois du triangle, placez deux rivières servant de douves, qui se joignent au sommet, et là se jettent dans un chenal conduisant à la mer; faites le triangle bien étroit, bien étriqué, comme l'île de Paris assiégée par les Normands : tel était Morlaix à la fin du seizième siècle.

Cette belle place du *Peuple*, ces quais, cet hôtel-de-ville fendu déjà sur toutes ses faces, tout cela était dans le néant de l'avenir; personne n'y songeait.

La mer venait battre de son écume la grande muraille qui longeait le bas de la rue des *Nobles*; puis, sur la pointe, au confluent des rivières, il y avait une place (la seule du temps) dite *de l'Eperon*, de vingt-cinq pieds de large, *où les personnes éminentes venaient*, dit Albert-le-Grand, *causer de leur négoce*.

Le môle commençait là; le môle en moellons, servant d'embarcadère, de point de chargement, et permettant aux bateaux de remonter la douve de l'Est jusqu'au *Dossin*.

Alors les rues de *Bourret*, de *Saint-Métaine* et des *Vignes* étaient des bourgades presque isolées; alors l'emplacement du *quai Léon* portait le nom de *clos Marans*, servait de résidence aux juifs et de réceptacle à des bandits, qui, suivant la tradition, rançonnaient les habitants, et jouaient aux boules avec des têtes d'hommes, comme les enfants avec des billes.

Et cependant, vous le verrez tout à l'heure, c'était une ville de joyeuseté que Morlaix !

Elle avait cent soixante-cinq cabarets bien comptés ; le prix d'un repas d'auberge n'était fixé, sous peine d'amende, qu'à douze sous ; la nuitée, souper et lit pour deux, à vingt-quatre sous ; le vin de Bordeaux à six sous la pinte, et le reste à l'avenant.

Une milice bourgeoise faisait le guet chaque soir ; elle avait six couvents de moines et de religieuses ; une superbe imprimerie ; déjà elle avait des hérauts de ville tout dorés, un magnifique bourreau tout rouge, de six pieds au moins, des fourches patibulaires toujours peintes à frais, haut placées, visibles de trente côtés, comme la tour élancée de la chapelle du *Meur*. Aussi était-elle fière, je vous assure.

Son gouverneur était un seigneur de la contrée, un brave qu'elle avait châtié cinq ans auparavant, parce qu'il n'était pas ligueur, et qu'elle aimait maintenant parce que l'étoile de Mercœur avait pâli, parce que la Ligue se mourait.

Ce gouverneur tenait à *Kerbrat* une vraie cour princière, une cour où l'on buvait depuis l'aube jusqu'au couvre-feu ; où les jurats avaient entrée, où les *juges consuls* paradaient bourgeoisement avec les belles toques de velours et les robes de taffetas que la commune payait.

Oui, sûrement, c'était une glorieuse et charmante ville que la ville de Morlaix de 1599 !

C'est qu'aussi elle riait toujours et ne prenait rien au sérieux ; c'est que sa gaîté et son insouciance étaient plus fortes que les maux de l'époque. Voyez un peu :

Une fois, en 1521, les Anglais débarquèrent sur nos côtes. La ville, ils la surprirent, la brûlèrent ; femmes, filles, enfants, seigneurs, bestiaux, ils songeaient à tout prendre, tout emporter. Vains projets !

« Ah ! vous nous voulez mal, beaux sires, s'étaient dit les Morlaisiens ; eh bien ! nous vous attraperons. »

Et les plus riches de tirer leurs grègues, d'emporter leurs lares, et d'abandonner la cité pendant dix longues années.

Legrand, Dauménil, Ogée, rapportent qu'un prêtre, à coups d'arquebuse, occit de nombreux Anglais ; qu'une pauvre chambrière de la grande rue en noya plusieurs aussi ; mais la chambrière et le prêtre ce fut tout. Le reste avait fui plus vite que le vigneron de *Resina,* quand la lave du Vésuve craque et crépite sous les ceps du lacryma-christi.

En 1589, la ville était royaliste. Arriva un gouverneur ligueur ; c'était un terrible homme, à ce qu'il paraît.

Aussi la girouette tourna-t-elle sans bruit, sans

effort; et lorsque le duc de Mercœur parut, les bourgeois le saluèrent-ils de ces douces paroles :

« Entrez, beau sire; vive la Ligue! »

Mais quatre ans après, la Ligue vacillait, le mot était sans prisme, dans la boue, la chose était pesante, et on se lassa du mot et de la chose.

Un matin, le maréchal d'Aumont, qui tenait la campagne au nom de Henri IV, se présenta devant le bourg des Vignes : il comptait deux mille hommes d'infanterie française, trois cents chevaux, puis des cavaliers, des armures qui brillaient à ravir.

« Ah! c'est vous, beau sire; entrez, » lui dit-on; et le pont-levis s'abaissa. « Vive le Roi! »

Le lendemain, sur la place de l'Eperon, le duc d'Aumont parla ainsi :

« Dans trois jours, mes amis, sept cents Anglais débarqueront à Morlaix, sept cents braves de plus, des braves comme vous. »

« Merci, beau sire; vive le Roi toujours! »

Et les sept cents Anglais arrivèrent, les fils, les petits-fils de ceux qui avaient brûlé la cité et ses archives, ravi ses trésors, vidé ses caves.

« Vivent les Anglais! »

Le siége commença alors, le siége du château fort, où s'étaient retirés les ligueurs; il fut terrible et long.

Les ligueurs minèrent et contre-minèrent sous la rue des *Nobles*. Les affamés! ils mangèrent des chevaux, des chiens, des chats, des hiboux, et la peste commença.

La girouette faillit tourner; les gens du roi pâlirent, car le peuple se taisait, repentant.

D'Aumont, sans y prendre garde, campait ses Anglais sur les beaux prés de Rocharbleiz et du Valpinard, levait impôts sur impôts, faisait clore, avant le coucher du soleil, les vingt-quatre portes de la ville.

Les ligueurs n'auraient pas fait pis. Les bourgeois, tout bas, murmurèrent : « Vive la Ligue! »

Mais la famine vint en aide à Henri IV, et le château se rendit, en 1594, faute de vivres.

Il était temps; le duc de Mercœur rôdait avec ses Espagnols du côté de Carhaix, et les pauvres ligueurs l'attendaient.

On dit que les Espagnols le quittèrent parce qu'il leur refusa le sac de Morlaix.

Et bien leur prit, car il y avait déjà des notables à l'Eperon qui chantaient la gloire de Mercœur, et parlaient de faire fête au beau sire. Il était temps.

Voilà pourtant ce que l'histoire nomme *le siége de Morlaix!* Piteux siége, n'est-ce pas? On assiégea le château, rien de plus; et pendant qu'on le battait en brèche, les bourgeois avaient les bras croisés.

Ligueurs ou royalistes, Espagnols ou Anglais, pour eux c'étaient loups ou renards, voyez-vous. Ils le disaient souvent entre eux, et n'avaient point tort.

S'il n'y avait pas eu de forteresse, il n'y aurait pas eu de siége. Aussi, lorsque après cette affaire le roi défendit de la réparer, son nom fut béni.

De nos jours, il n'en reste qu'un pan de mur.

. . . .
. . . .

Fr. GOUIN.

BREST.

Brest!... un nom qui résonne bien, n'est-ce pas? un nom bref et rude, un vrai nom breton.

Et aussi c'est une belle ville, avec ses larges rues où la rafale de mer souffle à l'aise, ses hautes maisons noircies au vent brumeux, et sa population marine qui circule partout; une population à la voix forte et au poing solide, vivant sur l'eau de nos mers ou sous l'eau de nos pluies; population amphibie et de toile cirée, toujours le chapeau de cuir bouilli au front et la capote imperméable au dos; vraie colonie de marins, jetée à la fin de la terre, les pieds dans les vagues et la tête dans la brume; ne s'intéressant qu'au vaisseau qui part ou qui arrive, au vent qui souffle, à la mer qui mugit ou dort.

Et bien longtemps pourtant cette belle rade fut presque déserte, ce beau port était un marais, cette ville un hameau sombre, au-dessus duquel dominait seul le lourd château.

Celui-ci faisait toute l'importance du lieu; on n'avait pas encore compris ce que la marine pouvait tirer d'utilité de cette admirable situation.

Au seizième siècle, Brest n'était qu'une bourgade sans siége pour rendre la justice.

Là vivaient quelques pêcheurs aventureux, quittant souvent leurs bateaux pour le pont d'un hardi corsaire, habitués au roulis de la Manche, et descendant chaque année aux côtes d'Angleterre avec la hache d'abordage et la mèche d'incendie !

Du reste, pauvres serfs, recevant de leurs maîtres le mal qu'ils faisaient à l'ennemi; pillards et pillés, combattant pour manger, mais mourant bravement au besoin, et s'en moquant, pourvu qu'après la mort il y eût une messe.

C'étaient ces matelots qui montaient *la Cordilière*, en 1523, lorsqu'elle sortit de la rade pour attaquer *la Régente*, beau vaisseau anglais qui suivait toute une escadre.

Les deux navires s'accrochèrent à vue de terre, sous les yeux de plus de trois mille spectateurs accourus du fond des campagnes, et groupés sur les rochers et les montagnes.

Ce fut un spectacle terrible, car le feu s'élança bientôt du vaisseau anglais, puis du vaisseau breton; les flammes coururent, pareilles à des artifices, le long des cordages; les vastes flancs des deux navires mugirent comme des volcans prêts à ouvrir leurs cratères; puis tout s'abîma avec un hurlement horrible, et la mer se referma tranquille sur le gouffre enflammé.

Ce fut le premier fait d'armes de la marine bretonne, et le commencement de sa gloire.

Le siècle suivant, la ville s'agrandit, les arsenaux maritimes commencèrent à se former, Louis XIV en fit un des premiers ports du monde.

Et maintenant Brest est devenu ce que vous voyez: une belle et noble ville qui grandit et s'accroît sans cesse comme une adolescente, malgré son étroit corset de murailles.

Brest n'a plus de chaumières de pêcheurs; elle a rejeté dans un trou, au Pont de Terre, ce qui lui restait de masures, comme une coquette qui cache ce qu'elle a de laid; elle a son académie, son théâtre, son jardin botanique; un beau bagne, avec son luxe de chaînes, d'argousins et de misères; des hôpitaux où les étrangers vont voir les malades, rangés, étiquetés comme des cases d'épiciers.

Brest, en un mot, est une grande ville.

Et ne cherchez pas plus le peuple d'autrefois dans la population actuelle que la bourgade du seizième siècle dans la ville que vous avez sous les yeux.

A part son caractère marin, la population est maintenant à Brest ce qu'elle est partout.

Le caractère primitif s'est effacé depuis longtemps dans le frottement perpétuel avec l'étranger.

Ici, comme ailleurs, vous trouverez l'argent pour baromètre de la considération, et le dévouement en raison des appointements.

Mais ici vous trouverez encore ce que ni les hommes ni les temps n'ont changé : la mer toujours grande et sublime, le mer berçant à la lame les navires de la rade, et se perdant au loin dans le ciel.

Venez, quand vous trouverez la vie triste et décolorée, venez au sommet du rempart respirer la brise salée qu'envoient les flots ; ravivez votre âme découragée à cet air fort, à cette grande scène, tandis que d'un côté, à vos pieds, la mer murmure majestueuse, et que de l'autre de nombreux promeneurs glissent sous les allées de la promenade, et que les cris des enfants joueurs parviennent jusqu'à vous.

Alors, au milieu de tant de poésie, entre ce grand

contraste de la mer avec sa vie aventureuse, dramatique et changeante, avec de la promenade où des femmes et des enfants rappellent avec tant de charmes la douce existence du foyer, peut-être vous sentirez-vous ranimer à quelques chaudes pensées, et arracherez-vous quelques instants votre esprit à l'étroit égoïsme du monde.

SAINT-ADRIEN. — Dans la partie de la rade en face du port de Brest, et de l'autre côté de la petite île nommée *île Ronde*, est une anse bordée de vallons couverts de fruits et d'arbres verts, une barre que la mer haute sépare en deux.

A marée basse, le paysan de Plougastel, qui fume sa pipe en passant sur cette barre, voit alors d'un côté la rade se déployer sereine et bleue, ou bien houleuse et blanche d'écume, et de l'autre un petit ruisseau, filet d'eau resté de la marée haute, et qui va se perdre, en tournant en mille sens, au fond du vallon.

C'est là, à gauche, en entrant dans la baie, que se trouve la petite chapelle de Saint-Adrien.

En sortant de votre embarcation, vous avez monté un petit chemin au-dessus de la grève, vous l'avez suivi dans son cours tortueux, vous avez passé avec lui devant l'auberge de madame Foire, si chère aux douaniers de *Lauberlack;* puis un petit clocher, une

CHATEAU DE PAU. — Basses-Pyrénées.

croix et quelques ogives aux vitraux cassés ont frappé vos yeux entre les arbres, et vous avez souri en disant : Voilà Saint-Adrien !

Saint-Adrien ! Si vous y êtes déjà allé, que ce nom dit de choses ! Vous devinez alors, en pressant le pas dans le petit sentier où vous marchez, la pelouse verte qui entoure la chapelle; vous respirez d'avance la fraîcheur de ces grands arbres qui l'ombragent ! et un sentiment doux et religieux s'empare de votre âme.

Mais ce n'est pas cette tristesse qui naît à un son de cloche ou à la vue des cimetières qui entourent ordinairement les églises de Bretagne.

Toi, mon joli Saint-Adrien, tu ne reposes pas les pieds de tes murs délicats et de tes ogives gothiques sur des morts ! jamais le fossoyeur n'éclaire le soir tes voûtes de sa lanterne; non, à toi un doux rayon se jouant dans tes vitraux, ou bien de beaux rayons de la lune pour t'éclairer sous tes vieux chênes et sur le tapis de gazon vert où tu t'étends mollement comme le jeune homme de quinze ans qui s'assied pour rêver sous les marronniers.

Quand la petite chapelle est ainsi éclairée par un beau soleil couchant, dont les rayons percent à travers les grands arbres et font sur ses murs des taches rouges et brillantes, tâchez d'aller à Saint-Adrien.

Restez, restez-y longtemps.

Alors, si vous voulez voir de fraîches figures de jeunes filles, regardez ces petites paysannes qui font le signe de la croix avant d'entrer.

Voyez leurs cheveux noirs retomber par derrière, sous leurs coiffes blanches, et leurs corsets qui ont un dos rouge, avec deux petites échancrures bleues ouvertes sous les bras.

Regardez ces jeunes filles : les voilà qui s'agenouillent; elles coupent des tresses de cheveux, des rubans qu'elles attachent aux cordages de petits vaisseaux suspendus dans la chapelle, comme des lustres de salon.

Ces vaisseaux sont l'ouvrage de quelques vieux marins qui les ont faits en l'honneur du bâtiment qu'ils ont affectionné autrefois, ou de celui d'un fils ou d'un frère.

Saint Adrien les prend sous sa protection, et bénit aussi les petits rubans que les jeunes filles y attachent.

Après elles s'en vont joyeuses; elles sont confiantes et croient.

Elles s'en vont contentes, car il leur a semblé, en partant, que la figure de bois de saint Adrien, qui est placée au fond de l'église, leur a souri quand elles se sont dressées sur la pointe des pieds pour atteindre le petit vaisseau.

Saint Goënou a sa fontaine où l'on jette des épingles pour savoir si on aura un mari; saint Budock a vécu six mois sur mer dans un tonneau, et saint Ouardon est un très grand navigateur qui a traversé la rade de Brest dans une auge de pierre; mais saint Adrien est le saint des jeunes filles de Lauberlack.

. . . .

T.

XV

HARFLEUR.
CARRIÈRES DE SÈVRES. — GROTTES SOUS PARIS. — LES CATACOMBES.
PUITS ARTÉSIEN DE GRENELLE.

Robert à Charles.

Paris, 20 octobre 1840.

Il y a quelques jours que j'étais arrivé à Paris, lorsque j'ai reçu de ma tante la prière d'aller la visiter à Harfleur.

Habitué aux voyages, je me suis hâté d'obéir, et j'ai pu faire connaissance avec une charmante ville dont j'emprunte la description à M. Charles Nodier :

HARFLEUR.

Rien n'est plus enchanteur que le point de vue de la montagne qui domine Harfleur en venant de Saint-Romain.

De là se développent, à notre droite, de riches fabriques et de jolis jardins; à nos pieds, une gorge creusée avec grâce entre de jolis coteaux boisés; au fond, les constructions d'une ville élégante surmontée d'un long clocher blanc; d'un côté, des vallées chargées de cultures fertiles ou d'agréables ombrages; de l'autre, un marais étendu et qui a succédé à un ancien port et à d'anciennes grèves, et qui fait palpiter de loin le cœur du botaniste, parce que son aspect révèle d'avance quelques-uns des trésors de la flore pélagienne.

Cette rade de verdure a même conservé, dans les accidents de sa couleur, une certaine apparence des flots qui l'ont baignée autrefois.

C'est un immense tapis de criste marine d'un vert sombre et sans reflets, sur lequel de longs bancs d'armoise aux fleurs éblouissantes blanchisssent comme les vagues apportées par la marée.

Si un vent frais parcourt la surface mobile et incline toutes les tiges à la fois, il ne manque rien à l'illusion, et le roi Arthur, qui passa la mer en cet endroit, au commencement du sixième siècle, pour combattre un certain Lucius, qu'il tua près de Paris, croirait pouvoir y abriter ses vaisseaux.

Peu de villes ont éprouvé plus de ces viscissitudes auxquelles est exposée la plus favorable d'ailleurs de toutes les situations dans une civilisation fixée, le voisinage de l'embouchure des grands fleuves et du rivage des hautes mers.

Harfleur ne fut longtemps qu'un poste incertain entre deux peuples ennemis, dont elle subissait tour à tour ou les exactions ou les vengeances.

C'est là que s'embarqua Edouard avec quarante bâtiments fournis par Guillaume-le-Conquérant; c'est là qu'après l'horrible parricide commis, en 1202, par le roi Jean, sur son neveu (et qui ne se rappelle la douleur et les imprécations de Constance!), c'est là que Philippe-Auguste, qui avait fait ajourner et condamner le duc de Normandie et d'Aquitaine par ses pairs, vint lui porter un nouvel appel du milieu de ses forteresses soumises.

En 1346, Jean de Montfort, duc de Bretagne par conquête, ayant amené les Anglais dans cette province, « et le roi obligé de donner ordre de ce costé, » dit Foissard, ils arrivèrent en une forte ville que » l'on clame Harfleur, et la conquirent tantost. Après » ils s'esbandirent dans le pays. »

En 1415, à la suite d'une longue alternative de

guerre et de paix, le roi d'Angleterre et son armée, « la vigile de l'Assomption Notre-Dame, dit Mons-
» trelet, reprirent encore le port au Hocq, entre
» Harfleur et Honfleur : le roi logea en la prieuré de
» Grandville. »

D'inconcevables efforts ne sauvèrent pas Harfleur d'une nouvelle invasion des Anglais, qui traitèrent cette ville avec la plus cruelle rigueur.

Il paraît cependant qu'effrayés par les préparatifs si redoutables et si cruellement frustrés de la journée d'Azincourt, ils offrirent inutilement de rendre cette position pour passer *bagues sauves*.

Une funeste présomption repoussa leur prière, et il s'ensuivit cette bataille de déplorable mémoire, la plus sanglante et la plus malheureuse de nos anciennes annales, où périt l'élite de la noblesse française ; en tout, plus de dix mille chevaliers.

Ce n'est qu'en 1449 que la gloire de nos armes fut vengée sur ses côtes par Charles VII, qui, après s'être établi à Montivilliers en grande pompe, rentra en possession d'Harfleur à des conditions très humiliantes pour l'ennemi.

Les Anglais n'obtinrent qu'avec peine deux jours de délai pour attendre le retour de la mer, qu'ils n'osaient aller chercher à travers les grèves, de peur d'y être poursuivis par la haine du peuple ; résultat infaillible des guerres injustes.

Harfleur, au milieu des luttes sanglantes dont elle était souvent l'objet et presque toujours le théâtre, n'eut guère de loisir à donner aux arts de la paix, et sans son église paroissiale elle ne tiendrait peut-être aucune place dans l'histoire de nos monuments.

Pendant que, au quinzième siècle, Brunelleschi à Florence, et Léon Alberti à Rimini, posaient les premières bases de l'architecture régénérée, il s'établissait en France un système particulier de décoration monumentale qui forme la dernière époque du genre appelé gothique.

Cette innovation singulière consistait à substituer aux colonnes et aux entablements un nombre infini de moulures et de nervures, souvent chargées d'ornements du fini le plus précieux.

Le porche de l'église des Artistes présente un exemple fort remarquable de la délicatesse de cette sculpture légère, et de ces détails élégants qui ont remplacé quelque temps la masse imposante des colonnes et la riche couronne des chapiteaux.

Parvenus sur les côtes de la Manche que nous allons visiter à la suite de l'histoire, errant de l'abbaye ruinée, dont la mer a conquis les champs, à la chapelle du marinier ou à la hutte du pêcheur, nous ne trouverons plus, comme dans les châteaux de l'intérieur des continents, les traditions de la veillée sédentaire et conteuse, qui place des fantômes dans les ruines pour les peupler.

Le voyageur des déserts de l'Océan a d'autres souvenirs et d'autres histoires. Il peut raconter avec attendrissement à ceux qui l'écoutent l'infortune du matelot abandonné, après d'inutiles recherches, dans une île oubliée sur la carte du pilote, et les regrets de la veuve, de la jeune veuve incertaine encore de son malheur, qui vient tous les matins sur le rivage lui demander quelque pavillon arrivé des extrémités de la terre, d'où il rapporte un renseignement confus sur le sort d'une chaloupe égarée qui doit probablement se retrouver un jour, car l'amour ne manque jamais de raisons d'espérer; lui demander du moins quelques débris rejetés par les flots, et qui lui apprennent tout ce qu'elle doit croire.

Souvent peut-être elle a effrayé les yeux de sa mère d'un de ces témoignages dont elle s'obstine à douter.

Elle persiste; et pour me servir maintenant des expressions d'un des poètes distingués de notre âge, M. Alexandre Soumet, qui a recueilli ce récit, et qui l'a embelli du charme accoutumé de son style,

> Les flots peuvent encor lui rendre
> L'objet de son long désespoir;
> Et depuis l'aube jusqu'au soir,
> Sur le rivage pour l'attendre,
> En pleurant elle va s'asseoir.
> Son cœur gémit, sa voix l'appelle;
> Mais on dit qu'un jour, devant elle,
> Une ombre plaintive apparut :
> Ce jour-là l'épouse fidèle
> Cessa d'attendre..... Elle mourut.

Ce récit nous a suivis dès lors sur tout le littoral de l'Océan.

Les grandes infortunes de l'homme, celles qui résultent de la déception de ses plus chères espérances, de la ruine de ses plus tendres affections, composent le chapitre le plus monotone de son histoire.

. . . .

. . . .

Ce n'est donc qu'hier, mon cher Charles, que j'ai terminé mon voyage.

Comme ce n'est point une énigme que je te donne à deviner, sache donc que j'ai voulu m'assurer si, sans sortir du département de la Seine, on ne pourrait trouver quelques curiosités naturelles à visiter.

J'en ai certes découvert bien promptement.

Tu te rappelles sans doute certaine lettre ironique dans laquelle tu tournais en dérision les beautés de la nature dans notre département; nous sommes riches cependant : nous avons l'immense banc de craie de Sèvres, avec ses carrières et ses fossiles innombrables; les fossiles de Montmartre et de Châtillon; les grottes naturelles du faubourg Saint-Germain, et le merveilleux puits de Grenelle.

Rien, mon bon ami, n'est plus curieux que les carrières de Sèvres, d'où l'on extrait le blanc de Meudon ou blanc d'Espagne.

Quand on pénètre dans les vastes excavations qui s'enfoncent sous le plateau de Belle-Vue, on est ébloui par la blancheur de neige des voûtes et des parois : des piliers hardis, et d'une grande hauteur, soutiennent la colline; çà et là les eaux tombent goutte à goutte de la voûte, et forment des flaques assez étendues.

La masse de craie laisse voir presque partout des débris de ces immenses reptiles qui jadis peuplaient les eaux des mers.

Dans les plâtrières de Montmartre et de Châtillon, au milieu du gypse compacte, brillent des cristaux d'un gypse translucide et souvent d'un blanc très pur; là, dans le banc de pierre, on recueille encore des fossiles, mais d'un âge plus récent que les fossiles de la craie, quoique antérieurs au déluge; ce sont des débris de mammifères, et surtout de ces pachydermes qui ont vécu sur les bords du grand lac qui occupa pendant des siècles le bassin de Paris.

Le centre de ce bassin, principalement sur la rive gauche de la Seine, est une roche calcaire d'où l'on a extrait Paris tout entier.

Ce que l'on ignore généralement, c'est que les travaux d'exploitation de la pierre à bâtir ont ouvert, depuis bien des siècles, des cavités naturelles, labyrinthes immenses creusés dans la roche, et que les catacombes sont en grande partie prises dans ces vastes grottes. Nous foulons sous nos pieds, sans nous en douter, ce que la curiosité va chercher au loin pour se satisfaire.

Les catacombes commencent dans la plaine de Mont-Rouge; elles se prolongent sous le faubourg Saint-Jacques et le faubourg Saint-Germain; elles communiquent avec les immenses caves ou souterrains de l'Observatoire.

C'est une prodigieuse quantité de rues et de places souterraines, de carrefours, et parfois d'impasses sans issue.

Aujourd'hui une multitude de travaux d'art consolident ces voûtes, abîmes béants sur lesquels une partie de Paris est suspendue; toute une laborieuse population d'ouvriers travaille constamment dans ces vastes cavernes.

Lors de la suppression des cimetières qui entouraient les paroisses de Paris, on a utilisé les catacombes, on en a fait un vaste ossuaire, où reposent plus de dix générations de nos ancêtres.

Les ossements, artistement rangés le long des parois des galeries, forment une lugubre mais singulière décoration; des autels s'élèvent sur plusieurs points, et de temps à autre on y célèbre la messe.

On admire dans une des catacombes un plan en relief de la ville de Port-Mahon, taillé dans la roche par un ouvrier qui avait été longtemps prisonnier de guerre dans cette ville.

Quant au puits artésien de Grenelle, que je citais tout à l'heure, tu me diras sans doute que c'est un ouvrage d'art. J'en conviens; mais la nature n'y a-t-elle pas amplement contribué?

N'est-ce pas grâce à elle que Paris, qui possédait les eaux minérales ferrugineuses, mais froides, de Passy, a aujourd'hui une source d'eau thermale?

Tu n'ignores pas qu'on nomme puits artésiens des sources que l'on va chercher dans l'intérieur de la terre, à l'aide de la sonde du mineur, et quelquefois à de grandes profondeurs. Leur nom vient de ce qu'ils sont très communs dans l'ancienne province d'Artois, où on les a creusés en France avant qu'il y en ait eu d'autres ailleurs en Europe.

Les Chinois sont probablement les inventeurs de ces puits : ils en creusaient avant l'ère chrétienne, et ils poussent quelquefois le forage, lorsqu'au lieu d'eau ils veulent obtenir du gaz hydrogène, jusqu'à près de 2,000 mètres.

La théorie des puits artésiens et très simple. L'eau qui s'évapore de la surface des mers, des lacs, des fleuves, forme les vapeurs atmosphériques ou nuages qui, condensées, tombent en pluie sur la terre.

Une partie des eaux pluviales s'infiltre dans le sol et y descend jusqu'à ce que, rencontrant des couches d'argile, terres grasses et imperméables, elles s'accumulent dans les parties les plus basses que forment ces couches par leur inclinaison, et, dans ces espèces de bassins, elles tendent à se mettre de niveau.

Si l'on creuse dans un de ces réservoirs naturels, l'eau prendra dans l'intérieur de la cavité le niveau qu'elle garde dans son bassin. D'après cette donnée, il est facile de concevoir que, si une couche d'argile a une grande étendue, plusieurs milliers de myriamètres carrés, par exemple, et qu'elle y joigne une inclinaison telle qu'elle produise un bassin dont le fond est distant des bords de plusieurs centaines de mètres, un trou creusé au centre du bassin forcera l'eau à s'élever et à jaillir jusqu'au niveau des bords; et si le terrain qui forme les bords est plus élevé que le sol placé au-dessus du centre du bassin, l'eau jaillira au-dessus du sol jusqu'à la hauteur des bords.

Une expérience très simple prouve la vérité de cette explication.

Que l'on construise un réservoir à la base duquel on adaptera un tube recourbé, mais dont la branche ascendante soit plus courte que la branche descendante, on verra l'eau du réservoir, comprimée par son poids et par la pression de l'air, jaillir par la courte branche et s'élever au niveau de l'eau du réservoir.

Le phénomène des puits artésiens ne diffère en rien de ce qui se passe dans cette expérience si simple.

Le puits de Grenelle a été entrepris par l'ordre du conseil municipal de la ville de Paris, et aux frais de la ville.

Ce grand ouvrage a été exécuté par un homme à jamais célèbre maintenant, M. Mulot, autrefois simple serrurier au village d'Epinay, près Saint-Denis, aujourd'hui un de nos premiers ingénieurs. Doué d'un rare génie inventif, d'une tenacité extrême et d'une patience admirable, M. Mulot a imaginé les instruments de forage dont il se sert. Aidé de son fils, qui dirigeait le travail avec lui, il a vaincu les difficultés les plus grandes que lui opposaient et la nature du terrain, et la fracture de divers instruments qu'il a fallu saisir au fond du tube, puis ramener au-dehors. Enfin la sonde est parvenue à 548 mètres au-dessous du sol de Paris, et une belle colonne d'eau s'est élevée à plusieurs mètres de l'ouverture du forage.

Cette eau, d'une température de 28 degrés centigrades, est d'une pureté plus grande que les eaux de la Seine; en hiver, elle tombe entourée d'une épaisse vapeur. Sa chaleur permettrait de l'employer en bains au sortir de terre.

L'intérieur du trou de forage est muni de plusieurs tubes métalliques placés les uns dans les autres, qui empêcheront tout éboulement intérieur et garantiront la durée de cette belle source artificielle.

Une fontaine monumentale décorera le lieu d'où les eaux jaillissent, et un réservoir doit les distribuer dans les quartiers voisins. La quantité d'eau que fournit le puits de Grenelle est de quatre millions de litres en vingt-quatre heures.

Je ne peux te donner d'autres détails sur ce beau travail; ces quelques mots sont extraits du rapport verbal fait par M. Arago à l'Académie des sciences. La ville de Paris doit publier, dans peu de temps, la relation de tout ce qui se rattache à l'histoire de cette entreprise.

Reviens promptement, mon bon et excellent ami, voilà longtemps que nous sommes séparés; il me tarde de t'embrasser et de pouvoir jouir de ta conversation. Que de choses n'as-tu pas à m'apprendre aujourd'hui ?

Que d'agréables soirées nous attendent cet hiver! car je ne te ferai grâce d'aucune circonstance : en examinant les dessins, il faudra que tu décrives tout ce que j'y verrai; tu peux t'attendre à mille et une questions.

Peut-être pourrons-nous former le plan de quelque nouveau voyage à exécuter ensemble!

Adieu, je t'attends avec la plus vive impatience.

XVI

COUP D'ŒIL GÉNÉRAL SUR LA FRANCE.
RICHESSES MINÉRALES, PRODUCTIONS DU SOL, INDUSTRIE, COMMERCE.
SCIENCES, BEAUX-ARTS.
ÉTENDUE DU TERRITOIRE, COLONIES, POPULATIONS.
FLEUVES, CHEMINS DE FER, CANAUX.
COURAGE, CHARITÉ, RELIGION. — HOMMES ILLUSTRES, ETC.

A NOS LECTEURS [1].

Vous avez vu les principales curiosités de la France; plusieurs de ses villes, de ses monuments vous ont été signalés ou dépeints. N'est-ce pas compléter vos études que d'y joindre quelques aperçus nouveaux et dignes de fixer votre attention?

[1] Nous avons cru utile de compléter par ces quelques lignes le beau travail de M. Delattre.

L'abbé DESARÈNES.

Oui, étudiez, étudiez l'histoire de notre belle France, et plus votre étude sera sérieuse et approfondie, plus vous bénirez le ciel de vous avoir fait naître Français.

Voyez, en effet, d'abord combien elle est riche. Ce qui contribue à l'opulence d'un Etat, c'est sans doute la quantité et la qualité des mines que la Providence a déposées dans son sein. Par elles grandissent l'agriculture et l'industrie, double mamelle de l'Etat, comme disait le grand Sully.

Or ne sont-elles pas nombreuses, variées, précieuses, les richesses souterraines de la France?

Outre ses principaux dépôts houillers du département du Nord, combien d'exploitations qui, d'année en année, deviennent plus importantes dans les départements de Saône-et-Loire, du Rhône, de l'Allier, de la Loire, de l'Aveyron, de la Vendée, etc., etc.

Elle a de la tourbe, sur un grand nombre de points, par couches considérables, notamment dans le Pas-de-Calais, la Somme et le Nord. Et vous savez combien ce combustible remplace avantageusement le bois dans les grandes usines, quelle économie en résulte pour le manufacturier, et par suite quelle facilité pour l'écoulement des produits, et par conséquent encore combien plus de bras trouvent à s'occuper.

Mais je ne puis me livrer ici à de longues disserta-

RUINES DE BOISIRAMÉ. — Cher.

tions; je ne fais qu'indiquer les sujets principaux, dont les méditations de nos économistes démontrent l'importance et les résultats.

Elle a du bitume, de l'asphalte en abondance dans le Bas-Rhin, l'Ain et les Landes. Ignorez-vous l'excellence de ces matières pour le pavage public, les quais, les trottoirs, les terrasses, les toitures de nos villes ou de nos maisons? N'ont-elles pas contribué à cette propreté, à cette élégance, à cet ordre, comment dirai-je? à ce confortable qui distingue même nos villages depuis quelques années, et qui ferait singulièrement ouvrir les yeux à nos pères, s'ils reparaissaient un instant dans ces vilains quartiers dont leurs lourds sabots foulaient la boue épaisse?

Quant aux mines métalliques, elle a du cuivre dans le Rhône et les Basses-Pyrénées, du fer presque partout. Si Dieu lui a refusé les mines d'or et d'argent, il lui a donné abondamment tous les moyens d'en acquérir de larges lingots dans les montagnes lointaines qui en sont les dépositaires privilégiées.

En finirais-je si je m'étendais sur ses carrières de marbre et de pierres à bâtir, sur ses ardoisières, ses craies, ses plâtres, son sel gemme, etc.?

Pour ne parler que des terres ou cailloux à porcelaines du Limousin, voyez quelle richesse!

Dans Limoges et ses alentours brûlent presque constamment quarante fours où sont entassées des marchandises dont la préparation, la confection, le transport ou la vente occupent et nourrissent près de dix mille personnes. Et c'est par millions qu'il faut compter les produits seuls de l'exportation de ces objets, qui, façonnés en beaux vases, en élégantes pendules ou objets artistiques, décorent le salon des rois, et qui, pétris sous forme d'écuelle ou d'assiette, constituent l'unique ameublement de la plus pauvre chaumière.

Le sel est le principal assaisonnement de la nourriture de l'ouvrier, du paysan, du prolétaire; l'agriculture en fait une consommation considérable, surtout pour l'engraissement des bestiaux. Eh bien! remarquez combien la France est pourvue de cette substance précieuse! Sans compter le sel recueilli dans nos ports de mer et dans les provinces de l'ouest et du nord-est, n'avons-nous pas en Lorraine la féconde mine de Vic, découverte en 1819, occupant, selon une estimation très probable, une étendue de trente mille lieues carrées, et pouvant suffire à une exploitation de quatre-vingt-seize mille ans, à raison d'un million de quintaux métriques par année!

Et je ne vous présente qu'une faible partie des richesses souterraines de la France.

Vous détaillerai-je maintenant les innombrables productions qui couvrent, qui embellissent la surface de son large sol? Ici vous trouvez des linières immenses, du colza, du tabac; là des vignes, des oliviers, des mûriers, des prairies où paissent des chevaux, des bestiaux d'une beauté admirable; d'un côté, des denrées, des tubercules, des céréales de toute espèce; de l'autre, des bois de toute qualité, de toute grandeur.

Aussi bien possédons-nous des fabriques, des usines presque sur tous les points, et pendant que des nations voisines sont dévorées par la plaie toujours croissante du paupérisme, ou sont contraintes de s'expatrier, d'aller demander à l'étranger un pain qui leur manque, notre peuple des villes et des campagnes trouve aisément sa vie dans les filatures, les tisseranderies, les soieries, les manufactures de toiles, de dentelles, de draps, etc., dont les produits sont l'objet d'une exportation immense. Et, d'autre part, ce même peuple n'a qu'à baisser la main, et sa table est à l'instant chargée de poissons, de gibiers, de légumes, de fruits variés à l'infini, qu'il se procure à bas prix.

D'ailleurs quelles relations faciles avec la Belgique, l'Allemagne, la Suisse, l'Italie, l'Espagne! Ces pays, qu'elle touche immédiatement, sont les plus divers par leurs produits et leurs besoins. Que si elle n'a point assez de ces ressources si abondantes, franchissant l'Océan et la Méditerranée qui la bornent au nord, au nord-ouest et au sud, ses vaisseaux lui rapportent bientôt en échange de leur cargaison les rares objets dont elle est dépourvue.

Oh! oui, la France est riche, car fertile dans

presque toute sa vaste étendue, elle peut se suffire à elle-même. Aucune autre nation peut-être n'est dans ces conditions favorables qui contribuent tant à assurer l'indépendance d'un peuple. Nos rois et leurs ministres l'ont rarement oublié.

J'ai dit sa vaste étendue; mesurez-la : sa largeur du Finistère au Var vous offre 1,064 kilomètres; sa longueur des Ardennes aux Basses-Pyrénées 924. Sa circonférence est évaluée à 4,696 kilomètres, ou 1,114 lieues, dont 614 lieues de côtes et 560 de frontières de terre; enfin sa superficie totale a environ 540,085 kilomètres.

La France est riche par son étendue; mais son drapeau glorieux flotte ailleurs que sur son noble sol. Nous comptons d'autres terres, d'autres cités importantes sous des cieux éloignés.

En ASIE, dans l'Indoustan, sur la côte du Coromandel, nous avons la ville de Pondichéry, féconde en riz, en bois de teinture, et celle de Karikal, remarquable par le commerce des toiles; dans le Bengale, la ville de Chandernagor, entrepôt considérable de velours, brocard, camelot, salpêtre, rhubarbe; sur la côte de Malabar, celle de Mahé, où se vend immensément de poivre; dans l'Orissa, celle de Yanon ou Ganjam, où se fabrique la belle mousseline.

La population de ces divers établissements s'élève

à environ 179,000 individus libres, et la totalité des terres cultivées à 25,000 hectares.

En AFRIQUE, nous possédons d'abord l'Algérie, une des plus glorieuses et sans doute bientôt une des plus fructueuses conquêtes de la France. L'Algérie nous a, jusqu'à ce jour, coûté bien de l'or et bien des hommes; mais enfin, avant peu, le contact de nos mœurs et le catholicisme surtout, avec ses Trappistes, ses sœurs de Saint-Vincent-de-Paul, adouciront et civiliseront ces barbares que le fer et le feu n'ont pu entièrement dompter.

Espérons que cette région, qui n'était naguère qu'un repaire de pirates, deviendra un jour le port protecteur de nos armements, le débouché de nos produits, notre ressource, notre aide, notre bouclier; enfin une grande province fidèle où règnera, avec notre langue et notre nationalité, le pacifique génie de la France.

Que n'avons-nous été témoins du magnifique spectacle qu'offrait, il y a peu d'années, la vaste cathédrale d'Alger? De toutes parts étaient accourues les multitudes infidèles, et ces milliers de fronts courbés sous la verge de fer de l'islamisme s'inclinaient avec respect et stupeur sous la parole retentissante et sous la main de l'évêque de Nevers, qui, entouré d'un nombreux clergé qui l'avait appelé de France, bénissait Dieu d'une merveille si étrange et si inespérée. Oui, Arabes, Marocains, Bédouins,

Musulmans de toute nuance, n'étaient peut-être pressés là qu'attirés par la curiosité. Mais ce fait n'enferme-t-il aucun présage de consolation et d'espérance ? Cela veut-il dire que sur la plage que sanctifièrent Augustin et Cyprien la croix ne refleurira jamais ?

Et puis l'île Sainte-Marie de Madagascar, d'où nous tirons le riz, le corail, l'ambre gris, peut avoir 26 lieues de circonférence, et ses établissements et sa population deviennent de jour en jour plus considérables.

Le Sénégal, vaste colonie qui embrasse plus de 200 lieues de côtes, et qui forme deux arrondissements principaux, celui de Saint-Louis et celui de Gorée : là se trouvent d'abondantes richesses végétales, et de l'or, du cuivre, du sel, de l'ambre et du marbre.

L'île Bourbon, dont la superficie est de 64,578 hectares, et la population de 84,000 âmes. Quelle fertilité en sucre, en clous de girofle, en café, en blé, etc. ! Le total des richesses que nous en retirons est énorme chaque année.

En AMÉRIQUE, les îles Saint-Pierre et Miquelon, près l'île de Terre-Neuve ; leur superficie est de 20,000 hectares, sur lesquels vivent plus de 600 individus constamment occupés à la pêche, surtout de la morue.

La Martinique, chef-lieu Fort-Royal, a pour

superficie 76,000 hectares, peuplés de 100,000 habitants. Cette colonie est fertile en sucre, café, indigo, cacao, tabac de macouba.

La Guadeloupe, chef-lieu la Basse-Terre; 45,000 hectares de superficie, et 110,000 habitants; elle nous approvisionne de sucre, de coton, d'indigo, de gingembre, etc.

Les petites îles de Marie-Galande, de Desirade, les Saintes, de Saint-Martin.

La Guyane, qui offre un développement de 200 lieues de côtes, chef-lieu Cayenne, ville de 14,000 habitants. Ses principaux produits sont le cacao, l'indigo, le sucre, le coton, le café, le poivre, la cannelle, le girofle, la muscade, et une foule de bois précieux.

Toutes ces colonies sont fidèles et dévouées à la mère-patrie, qui, de son côté, les couvre de sa haute protection. Ainsi, naguère, pour me borner à un fait, n'avez-vous pas vu avec quel tressaillement douloureux, quelle sainte générosité, des Pyrénées à la Manche, de Bordeaux aux frontières de la Suisse, a été accueilli le cri de détresse parti de la Guadeloupe bouleversée par un effroyable tremblement!

Quel cœur est resté insensible? quels yeux ont été vus sans larmes? quelles sommes énormes spontanément entassées par le riche et par le pauvre, pour alléger les maux de ces Français d'outre-mer!

C'est que la France comprend admirablement la pitié, le dévouement, l'honneur!!!

Mais n'anticipons pas sur ce que j'ai à vous dire à ce sujet.

La France est riche, elle n'est pas moins belle. Sauf quelques régions plus fertiles qu'agréables à l'œil, quelle plus magnifique contrée sous les cieux! ne réunit-elle pas tout ce qui varie les sites, multiplie les contrastes? Les pentes prolongées de nos hautes montagnes ne forment-elles pas des vallées délicieuses qui sont là comme protégées par des habitations élevées souvent au-dessus des nuages? Quel spectacle! il pénètre l'âme de ce sentiment d'admiration dont était saisi M. de Lamartine, lorsque, contemplant la Chartreuse, il s'écriait :

> Jehovah de la terre a consacré les cimes,
> Elles sont de ses pas le divin marchepied;
> C'est là qu'environné de ses foudres sublimes
> Il vole, il descend, il s'assied.

Oh! oui, que de merveilleux tableaux! ce village de Gavarni, dans les Hautes-Pyrénées, et sa cascade de 1,444 mètres de hauteur; Briançon, dans les Hautes-Alpes, à 1,300 mètres; que cela est beau!

Et vous nommant les principaux points de la ligne du faîte qui partage l'Europe en deux versants généraux, dont l'un envoie ses ondes dans l'Océan Atlantique, tandis que l'autre envoie les siennes dans la mer Caspienne et dans la Méditerranée, que ne puis-je vous transporter des Pyrénées et des Hautes-Alpes aux montagnes de l'Auvergne, au Jura et aux Vosges, vous dépeindre au long ces merveilles que M. Delattre nous a indiquées! Le pic des Ecrins, dans les Hautes-Alpes, point peut-être culminant de France, élevé de 4,500 mètres; et puis le Meidje, le Monte-Viso, le grand Relvous, non loin de ce roi des monts; puis encore la Maladetta, le Mont-Perdu, le Cylindre et le Vignemale dans les Pyrénées, tous dépassant la hauteur de 3,000 mètres!

Heureux qui sait admirer ces œuvres où se lit si visiblement le sceau de CELUI dans la main duquel ces énormes et hautes masses sont comme un imperceptible grain de sable!

Les montagnes contribuent à la beauté pittoresque, à la salubrité de l'air, au maintien de la température de notre patrie. Mais elles contribuent peut-être encore davantage à ses richesses; car de leurs flancs, comme de limpides réservoirs, s'échappent d'abondantes eaux qui, portant au loin la fertilité dans les bois et les campagnes, forment un des éléments les plus certains de la prospérité de l'agriculture, du commerce et de l'industrie.

Les six fleuves qui constituent nos six grands bassins principaux, la Meuse, le Rhin, la Saône, la

Loire, la Garonne et le Rhône, prennent rang parmi les plus importants de l'Europe; seize fleuves de moindre importance forment autant de bassins secondaires; joignez-y plus de cent rivières de second ordre, et cinq mille cours d'eau de moindre dimension.

Mais que dis-je? notre génie ne s'est pas contenté de ces magnifiques dons que lui avait départis la Providence; l'art merveilleux est venu compléter l'œuvre de la nature.

Il semble que ç'a été peu pour nous que ce développement de 9,000 kilomètres présentés à la navigation par toutes ces ondes.

Nous y avons ajouté soixante-quatorze canaux, ayant ensemble une longueur totale de 3,700 kilomètres. Par eux sont rattachées l'une à l'autre les deux grandes mers qui baignent nos côtes au sud et à l'ouest; par eux encore sont rapprochées nos frontières de l'est et du nord. Comprenez-vous ce puissant secours offert au développement progressif de l'opulence intérieure de notre chère patrie?

Mais je m'interromps, de peur de laisser échapper une considération qui se présente à ma pensée.

Nos voies de terre complètent merveilleusement nos moyens de transport et de communication à travers la France; quel pays sera, dans quelques années, comparable au nôtre sous ce rapport?

Voyez : plus de 200 routes nationales, dont le

parcours est de plus de 35,000 kilomètres, et 1,000 routes départementales d'une longueur à peu près égale. Nos chemins vicinaux qui les dénombrera? Le moindre hameau est-il embarrassé pour l'échange de ses denrées et pour son approvisionnement?

Que dire surtout de ces chemins de fer qui vont bientôt croiser la France dans tous les sens! Quelles grandes et belles lignes s'établissent à l'envi et simultanément de toutes parts! En vérité ne semble-t-il pas que l'espace soit supprimé par des moyens plus prompts de le traverser; que le temps s'efface par la rapidité avec laquelle on va du nord au midi, du couchant au levant? Les chemins s'abrégent en se multipliant. Nos chars, ce sont des ailes de feu qui les transportent en un clin d'œil aux distances les plus extrêmes; tandis que, et j'oubliais encore cela en parlant de nos fleuves, tandis qu'à l'aide de la vapeur, de cette même prodigieuse découverte, nos bâtiments sillonnent les ondes avec la vélocité de l'aigle.

Je ne puis vous désigner tous les chemins de fer terminés ou en voie d'exécution.

Mais, en vérité, qui nous dira l'avenir? qui sait jusqu'à quel point les rapports des peuples deviendront rapides et intimes? qui sait quel renouvellement complet, quelle révolution profonde s'opérera dans le monde entier, peut-être bientôt, et principalement dans notre France, qui joue un si magnifique rôle dans les merveilleuses créations du génie moderne?

En un mot, comment ne pas prévoir l'établissement d'une grande ligne européenne s'étendant de Lisbonne à Kœnigsberg, dont notre chemin du Nord ne sera qu'un faible tronçon?

Et voyez-vous de suite, voyez-vous par là l'importance de nos ports singulièrement augmentée, et par conséquent la richesse nationale considérablement accrue? Quel immense mouvement d'affaires, à Saint-Jean-de-Luz, à Bayonne, à Bordeaux, à La Rochelle, à Rochefort, à Nantes, à Vannes, à Brest, sur nos côtes occidentales; à Morlaix, à Cherbourg, à Saint-Malo, au Havre, à Rouen, à Dieppe, à Boulogne, à Calais, à Dunkerque, sur la côte nord-ouest; à Port-Vendres, à Collioure, à Agde, à Cette, à Marseille, à Toulon, à Saint-Tropez, à Fréjus, à Antibes, sur la Méditerranée?

Oh! encore une fois, qui nous dira l'avenir?

Aussi bien comme les Français sont heureux et fiers de leur glorieux nom! quelle ardeur, quel enthousiasme, quelle vie dans ces 44,000 communes que forme sa population?

Aussi comme cette population s'accroît, malgré nos sanglantes discordes de 1793, malgré le sang répandu dans les longues et effroyables guerres de l'empire! La France qui, en 1784, ne comptait que 25,000,000 d'âmes, en compte aujourd'hui plus de 38,000,000.

C'est que, encore une fois, tout favorise cette progression : une température douce et pure, un ciel ni trop brûlant ni trop froid, la fertilité du sol, l'avantage de la position, la facilité des rapports internationaux, la supériorité des arts et de l'industrie, etc., etc., tout fait de la France une région privilégiée.

Si notre patrie est physiquement riche et belle, quelle n'est pas aussi sa richesse, sa beauté morale? Dans les arts, vous ai-je dit, dans les lettres, dans les sciences, n'a-t-elle pas joui toujours d'une prééminence incontestée? Où trouver un plus grand nombre d'écrivains, de poètes, de philosophes, de jurisconsultes, d'orateurs, de diplomates distingués?

Napoléon disait de l'histoire de la France qu'on la pouvait faire en cent volumes si on voulait entrer dans les détails, ou en deux si on s'en tenait aux généralités.

- Ne pourrait-on pas en dire autant si l'on voulait faire l'histoire seule des hommes de doctrine, de science, de génie quelconque qui l'ont illustrée? Le siècle seul de Louis XIV ne brille-t-il pas d'une gloire sans pareille, dont avec les années s'accroîtra la splendeur?

Toutefois pourrais-je vous parler de Corneille, de Bossuet, de Fénelon, de Racine, de Rollin, de Descartes, de Massillon, de Daniel, de La Bruyère, de Mézerai, de Bourdaloue, de La Fontaine, de Malebranche, de Pascal, de Molière, de d'Aguesseau, de Domat, de Réaumur, de Turenne, de Condé, de Vauban, de Richelieu, de Mazarin, et du grand roi lui-même, dont l'éclat se reflétait sur toutes ces gloires qu'animait son puissant regard, sans chercher à travers le moyen-âge les noms français inscrits dans les annales de l'immortalité ?

Ne faudrait-il pas des heures entières pour esquisser seulement à grands traits les biographies des Salvien, des Charles Martel, des Grégoire de Tours, des Hilaire de Poitiers, des Césaire d'Arles, des Alcuin, des Ville-Hardoin, des Joinville, des Gerbert, des Bernard, des Suger, des Abeilard, des Guillaume de Lorris, des Pierre de Fontaines, des Foissard, des Alain Chartier, des Jean Desmarets, des Bayard, des Dunois, des Duguesclin, des Sully, des Reignier, des Montaigne, des Ronsard; et dans la série des têtes couronnées qui firent le bonheur de la France, ne rencontrerais-je pas de magnifiques points de comparaison, quelques dignes parallèles entre Clovis, Charlemagne, Philippe-Auguste, Saint Louis, François Ier, Henri IV, et ce Louis à qui l'univers a décerné le nom de GRAND !

Puis, en descendant jusqu'à nos jours, après que le vieux et célèbre monarque, regardant autour de lui pour voir s'il ne restait rien, eût livré sa paupière au sommeil de la mort, comme pour clore son siècle auguste, je trouverais d'innombrables œuvres, d'innombrables personnages qui ont glorifié la France. Il y eut de grandes débauches d'intelligence, de monstrueuses dépravations de cœur ; mais de ce siècle des encyclopédistes et du philosophisme il est resté des pages dignes d'être conservées. Au milieu de ces génies ou talents dévoyés apparaissent de nobles caractères, protestant et par leurs paroles, et par leurs œuvres, contre ces doctrines en renom, ces théories subversives et infâmes dans l'adoption desquelles leur cœur généreux et inébranlable voyait la ruine et le déshonneur prochains de la patrie.

Je devrais enfin vous parler de cette moitié de siècle que nous avons franchie. Combien de capitaines, de magistrats, de pontifes et de prêtres, de mathématiciens, de physiciens, d'astronomes, de poètes, de publicistes, d'orateurs, se présentent à ma lèvre ? Mais je préfère vous laisser à vous-même le bonheur de constater ces gloires, et j'ai besoin de vous expliquer pourquoi.

Vous êtes jeunes, et avant de mourir vous aurez entendu les jugements prononcés sur leurs tombes.

Laissez donc mon expérience vous dire que j'ai beaucoup vécu, et, hélas ! beaucoup appris. Or, j'ai vu un grand mal dans ces apothéoses d'hommes qui n'ont point encore terminé leur carrière. Combien d'astres éblouissants à leur aurore se sont un instant après ensevelis honteusement dans les nuages! que d'âmes qu'un enthousiasme de coterie voulait élever au Capitole ont, dès le lendemain même, mérité les ignominies de la roche Tarpéïenne? Souvenez-vous que le jugement seul de la postérité, ce jugement sévère, impartial, froid comme le mausolée, immortalise un nom. Les contemporains peuvent bien, dans leur enthousiasme plus ou moins juste, dresser une statue à un de leurs frères. Il est possible que l'enivrement de l'orgueil ne trouble pas les sens et le cœur de ce héros, de ce nouveau Dieu; mais toujours est-il que le marbre ou le bronze ne se soutiendra que sur un piédestal, et qu'il n'appartient qu'à leurs arrière-neveux de construire et de consolider ce fondement indestructible.

Vous comprendrez donc pourquoi je semble insulter notre siècle, méconnaître ses hommes illustres, ne pas ratifier tous ces panégyriques emphatiques, entassés chaque matin par les journaux aux pieds de leurs patrons. Oui, si je tais des noms que je reconnais glorieux, c'est, croyez-le, par respect pour eux-mêmes; et parce que je suis persuadé qu'il y a du mal à présenter à l'homme juste et vertueux d'autre mobile de ses pensées et de ses actions que les charmes et les récompenses qu'il trouve en lui-même.

Que si vous ne vous rendez pas compte de mon silence complet sur les illustrations contemporaines, alors qu'avec tant d'enthousiasme je parle du passé et de l'avenir de la France, j'ajouterai quelques mots encore sur ces glorifications prématurées, sur ces apothéoses avant l'heure.

L'homme est faible : or, d'une part, ces éloges ne sont propres qu'à jeter dans le délire celui qui en est l'objet; et l'orgueil n'enfante que le vice et l'erreur.

De l'autre, les clameurs de l'envie, d'autant plus ardente que la vertu s'élève plus au-dessus de son ignoble tête ; les passions et les haines politiques si vivaces et si aveugles, à une époque surtout comme la nôtre, s'acharnant, se liguant contre cet homme, ne voyant en son exaltation que le signe vivant de leur défaite, le calomnieront, le décourageront, et des voies de la modération qui fait sa gloire le pousseront insensiblement dans les voies de l'arbitraire, de la persécution, de la violence. Le succès a toujours de cruelles expiations ; c'est le creuset où périssent les neuf dixièmes des prétendus grands hommes.

Me trompé-je ? je ne le crois pas. L'Eglise aussi a ses célébrités; mais voyez sa prudence à leur égard. Comme elle attend dans le calme l'heure où la voix unanime des peuples vient, pour ainsi dire, la sommer d'attacher le nom d'un bienfaiteur nouveau à son divin catalogue. Imitons sa réserve.

Héritière de la grandeur d'Athènes et de Rome; devenue, aussi bien que la Grèce et l'Italie, la terre classique des lettres, des sciences et des arts ; aidée et dirigée par tant de grands hommes, la France s'est couverte de ces monuments, de ces chefs-d'œuvre impérissables dont la vue ennoblit un peuple en lui inspirant le goût du grand et du beau, en lui faisant connaître d'autres jouissances que celles des biens grossiers et abrutissants de la terre.

Exempte de l'espèce de lenteur qui semble attachée aux nations septentrionales, et qui les porte plus spécialement à la réflexion, à la gravité, à la méthode; exempte aussi des passions violentes qui agitent et dominent les peuples méridionaux, la France est sortie la première des ténèbres et des horreurs de la barbarie.

Tandis que, au-dedans, elle construisait ces magnifiques cathédrales dont l'architecture, la sculpture, l'ornementation, nous frappent d'un sentiment involontaire d'admiration et de respect ; tandis qu'elle établissait partout des écoles et des monastères dans lesquels l'étude ne cessait pas ; qu'elle couronnait ses trouvères et ses troubadours, instituait ses jeux floraux, ses colléges et ses académies de tout nom, elle entretenait des relations avec les savants de toutes les parties du globe, achetait à prix d'or leurs découvertes et leurs leçons; et, leur ouvrant ses bras, bientôt elle les voyait accourir heureux de cet appel, fiers de cette noble adoption.

Lisez donc et relisez les annales de la France,

et vous verrez combien son rôle a toujours été brillant. Considérez-la successivement en face des Huns, des Saxons, de toutes ces hordes que vomissait périodiquement le Nord, pendant les siècles de sa naissance ; voyez-la aux prises avec l'Angleterre et les puissants empereurs d'Allemagne ; comtemplez-la surtout pendant les croisades ! Qui comprit mieux qu'elle cette cause éminemment sociale ? qui montra plus d'enthousiasme ? qui repoussa avec plus de valeur et plus de succès l'épée victorieuse qui allait dévorer l'Europe ?

Aussi bien son ascendant ne s'étend-il pas de l'un à l'autre pôle ? Quelle nation, quelle bourgade, végétant à l'extrémité du globe, ne pousse pas vers elle son cri de détresse ? Elle a des larmes pour toutes les douleurs, de l'or pour toutes les misères, du sang pour tous les opprimés.

Aussi bien comme son nom est partout respecté et béni ! Sa langue, devenue celle de la diplomatie européenne, est connue et parlée dans les déserts de l'Afrique, sous les tentes des Bédouins, au sein des nations américaines, sur les flots de la Polynésie.

Ajoutons : la France, c'est la terre du dévouement, du sacrifice, de la charité.

Ici s'ouvre devant nos yeux un champ immense. Qui racontera toutes les saintes œuvres dont notre patrie a pris l'initiative ? quelles entrailles se sont jamais émues plus vivement que les siennes à l'aspect de l'infortune? que d'institutions, de fondations admirables pour venir au soulagement de toutes les larmes, de toutes les faiblesses; et avec quelle dignité, quelle discrétion, quelle humilité console-t-elle la douleur, accomplit-elle le bien!

Oui, telle est en France la charité. Voyez-la, se cachant, se dérobant aux éloges, demandant à Dieu pardon de sa gloire. Cet héroïsme, on ne le retrouve pas seulement chez ses religieuses de tout ordre, chez ses missionnaires et ses prêtres, qui, successeurs et imitateurs des Jean de Dieu, des Vincent de Paul, si souvent, comme les Borie, les Gagelin, des palmes du martyre enrichissent leur diadème, on le retrouve dans toutes les classes de la société, et chez la haute dame glissant son or ou ses bijoux dans la bourse des filles de la charité, et chez l'artisan et l'humble villageoise y déposant sa pieuse obole.

Toutefois, remarquons-le bien, le principe de cette supériorité, la France le puise dans sa vieille foi; la France est la fille aînée du catholicisme.

Peut-être pourrais-je dire que cette religion influe sur ses productions et ses richesses physiques : car enfin une partie de notre sol, propre seulement à la culture de la vigne, demeurerait en friche si nous étions musulmans; notre agriculture périrait faute d'engrais si notre foi, comme celle des Indiens, prohibait l'usage de la viande; notre commerce maritime serait frappé de mort si, avec les ignicoles, nous avions en horreur la navigation.

Mais j'omets ces considérations, et je dis que la France puise dans son antique croyance, avec son invincible unité, cette horreur du mal, ce goût, cet enthousiasme du bien qui assurent à un Etat une prospérité durable. Que ne puis-je développer cette vérité! Daigne le ciel ouvrir les yeux et le cœur de ces tristes penseurs qui cherchent à l'entraîner dans les voies d'un stérile philosophisme et d'une fatale incrédulité! Puisse leur voix se perdre sous l'indignation et le mépris public! Victime de leurs épouvantables doctrines, bientôt l'héritage de Charlemagne, de saint Louis et de Louis le Grand ne tomberait-il pas, après d'épouvantables révolutions, dans l'abrutissement et la servitude?

Mais non, la France ne veut pas déchoir du magnifique rôle que lui a confié la Providence. La vertu y recevra toujours des couronnes, le courage et la probité y feront toujours battre le cœur de ses fils : et par sa haute civilisation, par les merveilles de son génie, par la bravoure de ses soldats, par le dévouement de ses missionnaires, par la force de ses institutions, enfin par son attachement sincère au catholicisme, cette France que vous avez étudiée, ô nos jeunes lecteurs, avec tant d'amour, cette France dont le demi-siècle qui vient de s'écouler a manifesté au monde entier la valeur chevaleresque, la puissance, la loyauté, la haute intelligence et l'ardent patriotisme; oui, notre belle France restera la plus belle des contrées où l'homme puisse être appelé à l'existence!!!

TABLE DES MATIÈRES.

I. — Charles à Robert.

Le départ. — Les Pyrénées. 5

II. — Charles à Robert.

Le mont Canigou. — La grotte de Sirac. — Les contre-bandiers surpris. — Juan Mancha. 11

III. — Charles à Robert.

Vic-Dessos. — Grotte de Vic-Dessos. — La caverne de Fontesorbes. 19

IV. — Charles à Robert.

Le capitaine Ethelstan. — Bagnères-de-Luchon. — Le lac Séculégo. ... 25

V. — Charles à Robert.

Bagnères-de-Bigorre. — Baréges. — Le mont Vignemale. — L'escalade du Mont-Perdu. — Départ de la caverne. — Les Trois-Sœurs. — Tempête dans la montagne. — Louis Etcheverria. — Refuge. — L'avalanche. — Le capitaine Ethelstan et l'ours. — Le retour. — Le Mont-Marboré. — La chasse aux chamois. ... 31

VI. — Robert à Charles.

Projet de voyage. — L'abîme. — Blois. — Tours. — Grottes de Savonnières. — Le bateau à vapeur. ... 51

VII. — Charles à Robert.

L'Oule de Gavarni. — La brèche de Roland. — Les Landes. ... 69

VIII. — Robert à Charles.

La rivière sans eau. ... 79

IX. — Charles à Robert.

Promenade sur la Dordogne. — Le Mascaret. — Le trou de Granville. — Jets d'eau naturels de Goury et du Bouley. — Montagne embrasée. — Caves de Roquefort. 85

X. — Robert à Charles.

La forêt de Fontainebleau. — Scène fantastique. — Les vipères par centaines. — La grotte d'Albert. — Abbeville. — Iles flottantes de Saint-Omer. — Le puits de Boiaval. — Le chêne de la Vierge. — Les Vosges. — Plombières. — Le ballon d'Alsace. — Le Hohemberg. — La vallée de Hasslach. — Chute de Valdsbach. — Le sceptre du tyran. — Cathédrale de Strasbourg. 95

XI. — Charles à Robert.

Les volcans de l'Ardèche. — La roche tremblante. — La grotte des Fées. — Le mont Lozère. — Mende. — Chute de l'Ardèche et pont naturel. — Grotte de Valon. — Le Chenavari. — Chaussée des Géants. — Volcans de la Haute-Loire. — Obélisque de basalte. — Les orgues d'Espailly. — Le Tartare et le mont du Feu. — Théorie de la formation des basaltes. — Le plomb du Cantal. — Chaudes-Aigues. — Les

Monts-d'Or. — Chutes de la Dor et de la Dogne. — Lac de Grury. — Vallée de la Sioule. — Le Puy de Dôme. — Volcans de l'Auvergne. — Grotte de Royat. 123

XII. — Robert à Charles.

La vallée de Munster. — Le lac Noir et le lac Blanc. — Le mont Kaiserberg. — Le Jura. — Grottes d'Osselles. — Le saut du Doubs. — Fortifications naturelles. — Le mont Reculet. — La perte du Rhône. — Le lac intermittent de Drom. — Cascades du Furens. — Le val du Bout du Monde. 167

XIII. — Charles à Robert.

Thiers. — Le lac Pavin. — Grotte de Solore. — La fontaine de Vaucluse. — Grotte de Mons. — Le mont Viso. — La Grande-Chartreuse. — Grottes de Sassenage. — Le père Charpin. 187

XIV. — Charles à Robert.

De Lyon à Quimper. — Aspect de l'Océan. — Rochers de Penmack. — Le trou du Diable. — La grotte de Morgane. — Saumur et ses environs. — Nantes. — Morlaix. — Brest. 213

XV. — Robert à Charles.

Harfleur. — Carrières de Sèvres. — Grottes sous Paris. — Les Catacombes. — Puits artésien de Grenelle. 253

A nos Lecteurs.

Coup d'œil général sur la France. — Richesses minérales, productions du sol, industrie, commerce, sciences, beaux-arts. — Etendue du territoire, colonies, populations. — Fleuves, routes, chemins de fer, canaux. — Hommes illustres. — Courage, charité, religion, etc. 269

FIN DE LA TABLE.

www.ingramcontent.com/pod-product-compliance
Lightning Source LLC
Chambersburg PA
CBHW071605170426
43196CB00033B/1784